Patrick Lelong
Joël Wittmeyer

Investissement locatif

Mode d'emploi

ÉDITIONS JACOB-DUVERNET

Avant-propos

L'étymologie du mot investir est pleine d'enseignements : investir voulait dire à l'origine « revêtir », « entourer », « habiller » et, par voie de conséquence, « mettre en possession d'un fief ». Cette mise en possession pouvait provenir d'un don ou d'un fait de guerre, d'où le sens militaire « attaquer, s'emparer de ». Même si la recherche d'un bien immobilier relève souvent aujourd'hui du parcours du combattant, qui n'est encore rien à côté de celui qui attend l'apprenti locataire, le mot « investir » s'est quelque peu policé au fil des siècles.

En France, 80 % des locataires souhaitent aujourd'hui devenir propriétaires ; et beaucoup sont prêts à investir dans l'immobilier dans le but unique de louer. La crise des systèmes de retraite, les aléas de la Bourse, le bas niveau des taux d'emprunt, mais surtout la volonté de se prémunir contre les accidents de la vie, de constituer, de transmettre un patrimoine pour soi et sa famille ou encore d'augmenter ses revenus expliquent cet engouement des Français pour l'investissement locatif.

Mais contrairement à l'investissement « pour se loger », l'investissement locatif ne peut pas donner trop de place au seul registre du coup de cœur ! Pour être rentable, un investissement doit être minutieusement prémédité. Un investisseur heureux est avant tout un investisseur bien informé. De multiples facteurs entrent en ligne de compte : la situation géographique et l'état du bien, le financement, les détails du bail, la gestion des loyers, l'hypothèse d'une revente. D'autant plus que l'investissement dans la pierre engage des sommes importantes et s'inscrit dans la durée.

Dans un contexte de plus en plus évolutif et mouvant, ce guide élaboré par Patrick Lelong et par Joël Wittmeyer, méritait une remise à jour. Il s'inscrit dans le prolongement très logique de l'action de France Info. Nous avons plus que jamais besoin du conseil des professionnels que sont les notaires, les agents immobiliers et les banquiers. Mais ce guide fera de nous des consommateurs plus avisés parce que mieux informés pour affronter l'immobilier locatif et pour « investir » le château que nous rêvons de mettre en location jusqu'à la nuit des temps !

Patrick Roger
Directeur de France Info

Table des matières

Chapitre 5 La fiscalité de la pierre

Chapitre 6 La gestion du patrimoine immobilier

Chapitre 7 Les atouts de la pierre papier

Chapitre 8 Le contentieux de la location

Repères

chapitre 1

Les fondements de l'investissement locatif

L'investissement locatif, un choix pertinent

Il existera toujours des locataires

1 sur 2

En 2000, le patrimoine des Français était constitué à 54 % par l'immobilier. 57 % de nos concitoyens étaient propriétaires de leur résidence principale.

Les transactions immobilières remontent à des temps presque immémoriaux. Si l'immense majorité des Français est logée dans des conditions acceptables, il n'en a pas toujours été ainsi. Le XXe siècle a connu des crises du logement qui ont contraint bien des jeunes ménages à partager le logement de leurs parents ; quant au confort, ce n'est que très récemment que les commodités ont disparu totalement du fond des arrière-cours... Le logement est ainsi devenu l'un des premiers éléments du train de vie et de la distinction sociale. À la fin du siècle qui vient de s'achever, le patrimoine

Les loyers et les baux de la loi de 1948

Un grand nombre de propriétaires ont été soumis à la loi de 1948. Au lendemain de la guerre, le problème du logement se pose de façon critique. Pour le résoudre, le gouvernement prend une série de mesures parmi lesquelles une loi sur les baux et les loyers. De fait, la loi a fixé les loyers et surtout protégé les locataires : aux termes de la loi, ils peuvent difficilement être obligés de quitter leur appartement. Avec le remplacement des générations, les appartements encore classés « loi 1948 » sont de moins en moins nombreux. Surtout, ils connaissent une forte décote, due aux loyers très faibles et donc au rendement très bas. Une opération judicieuse consiste à se porter acquéreur de tels biens, et d'attendre le départ ou le décès des locataires pour les relouer ensuite au prix du marché, et retrouver une valorisation nouvelle.

Les locataires seront-ils solvables ?

Du point de vue des propriétaires, le niveau de vie des Français a, dans les décennies à venir, davantage de chances de progresser que de stagner (voire de régresser), ce qui laisse augurer de bons résultats pour l'investissement locatif. De plus, la demande de logements reste très supérieure à l'offre : une tendance qui devrait perdurer dans les dix prochaines années. Le marché a toutes les chances de rester prometteur. On notera que certaines catégories, comme celle des étudiants, consacrent une part grandissante de leur budget à leur logement, ce qui est positif pour le marché locatif. Il en va de même pour les cadres : ce sont souvent les entreprises qui se portent garantes des loyers. Quant aux catégories les plus défavorisées, elles bénéficient de la part de l'État d'aides au logement, qui ne cessent d'augmenter : le droit à un ogement décent fait partie des préoccupations de tout gouvernement et il n'est pas imaginable, sous peine de perturber la paix sociale, que les mécanismes d'aide au logement soient globalement remis en cause...

des Français était constitué à 54 % par l'immobilier. Et 57 % de nos concitoyens étaient propriétaires de leur résidence principale. L'enrichissement fantastique constaté ces trente dernières années grâce à l'immobilier a t il des chances de perdurer, voire de s'accélérer ? Le sujet est très vaste et nous nous limiterons dans cet ouvrage à répondre à la question sous l'angle de l'immobilier locatif. Faut-il donc aujourd'hui se lancer dans un investissement immobilier ?

Tant qu'il y aura des locataires...

Un investissement n'a de sens que s'il s'appuie sur une réalité économique, elle-même assurée d'une certaine pérennité. S'agissant de l'investissement locatif, on peut répondre positivement à la question puisque près de 43 % des Français sont locataires de leur résidence principale. Mais la réponse est loin d'être suffisante : il faut envisager les évolutions possibles sur le long terme, au cours des vingt ou trente prochaines années. Culturellement et socialement, bien des locataires aspirent à devenir propriétaires. Le risque que les Français deviennent de plus en plus propriétaires, et que le marché locatif se réduise donc peu à peu, est-il réel ? La plupart des économistes considèrent que le seuil de 60 % de propriétaires ne pourra mécaniquement être dépassé. Les structures sociales et économiques de nos pays font qu'il existera toujours un volant incompressible de locataires : citoyens aux revenus insuffisants pour accéder à la propriété, étudiants, jeunes ménages qui débutent presque toujours dans la vie comme locataires, cadres de grandes entreprises dont la mobilité n'est pas compatible avec la propriété, etc.

Sources

Les principales sources qui permettent de connaître les grandes tendances du marché sont : la presse quotidienne ou hebdomadaire, qui publie très régulièrement des statistiques et des niveaux de prix, parfois par quartiers ; la Chambre des Notaires de Paris (www.paris.notaires.fr), qui publie aussi les niveaux de prix réellement constatés sur des transactions récentes. Des sites Internet spécialisés existent aussi, qui permettent une évaluation d'un bien de façon précise, en fonction de critères très détaillés.

Les bonnes (et moins bonnes) raisons d'investir

Ne pas se tromper de motivation

L'instinct de propriété demeure très fortement ancré dans nos sociétés : posséder des biens immobiliers procure des sentiments plus forts que détenir des actions ou des obligations. Certains épargnants font même preuve d'une boulimie immobilière qui va souvent à l'encontre du simple bon sens de l'équilibre patrimonial.

Cependant, tous les spécialistes du patrimoine s'accordent à considérer qu'un patrimoine doit comporter une part significative de biens immobiliers. Depuis l'après guerre, de manière incontestable, la valeur des biens a augmenté sensiblement plus vite que le coût de la vie. La comparaison avec d'autres placements donne toujours sujet à polémique et nous n'entrerons pas dans ce débat : on choisit trop souvent des dates de référence en fonction du résultat souhaité, en particulier pour les marchés boursiers. Et le marché de l'immobilier recèle de telles disparités qu'il est impossible à globaliser.

Attention aux modes !

Des villes dynamiques ont vu leur marché locatif s'effondrer, victimes de leur succès. Les élus et promoteurs peuvent rapidement déséquilibrer un marché en construisant plus que ne le justifie l'évolution démographique.

Qui achète le plus d'immobilier ?

Seuls 14 % des moins de 30 ans possèdent leur résidence principale, contre 60 % pour les 40 à 49 ans et 70 % pour les 60 à 70 ans. Mais on redescend à 62 % pour les 70 ans et plus. La répartition entre catégories socio-professionnelles est assez éloquente. 85 % des agriculteurs sont propriétaires, 36 % des employés, 66 % des cadres et 74 % des professions libérales.

Pour s'enrichir

La motivation principale demeure de réaliser un placement dont on escompte des plus-values et donc une progression du patrimoine. Si la plupart des investisseurs ont réalisé de bonnes opérations dans un passé récent, la crise du début des années 90, qui a vu la plupart des valeurs accuser une baisse sévère (même si les années 80 avaient connu une très forte augmentation et même si le marché est reparti à la hausse) a révélé qu'il fallait désormais être très sélectif lorsqu'on envisage un investissement locatif.

Pour disposer de revenus complémentaires

Les prévisions en matière de retraites obligeront chacun d'entre nous à chercher des revenus à travers des investissements diversifiés. Les compléments de revenus générés par un investissement locatif peuvent paraître faibles, mais ont l'avantage d'être stables et réguliers.

Incitations fiscales

Les incitations fiscales pour investir dans l'immobilier locatif sont très nombreuses. Rien que pour le régime le plus répandu (neuf locatif), on dénombre depuis plus de vingt ans plusieurs dispositifs dont Périssol, Besson, Robien et Borloo. Dans d'autres secteurs (immobilier ancien, Dom-Tom), on peut citer les dispositifs Malraux, Paul, Girardin, etc. Nous reviendrons sur les principales incitations fiscales au cours des chapitres suivants.
Mais attention : l'avantage fiscal ne doit être qu'un accompagnement, qui ne doit pas l'emporter sur le prix, l'emplacement et la qualité d'un bien.

Le marché émergent des résidences services

Autrefois, les étudiants se contentaient de chambres chez l'habitant ou de « chambres de bonne ». Leur budget, et surtout celui de leurs parents, ainsi que l'augmentation considérable du nombre de candidats aux études supérieures, ont provoqué l'apparition d'un marché porteur : les résidences étudiantes.

Les avantages fiscaux sont pour l'essentiel la récupération de la TVA sur le prix de la construction et une réduction d'impôts grâce au mécanisme de l'amortissement. Surtout, les promoteurs se sont assurés la collaboration des organisations étudiantes, qui se chargent de louer les biens et garantissent les loyers sur de longues périodes.

Pour aider les enfants

L'entraide entre générations est un phénomène naturel et nombre d'épargnants investissent dans l'immobilier dans le but de transmettre aux enfants. Les dispositions fiscales offrent des facilités qu'il ne faut pas négliger : donation de nue-propriété, constitution de sociétés civiles immobilières, etc.

Pour payer moins d'impôts

Les pouvoirs publics ont mis en place des mécanismes pour favoriser l'investissement locatif, en réponse à l'insuffisance de logements neufs : lois Besson, puis Robien... Mais attention : la motivation d'un investissement ne peut être uniquement fiscale, sous peine de choix patrimoniaux inappropriés.

Les solides atouts de l'investissement pierre

De nombreuses vertus

L'investissement pierre est multiple et varié. Avant de se décider, il faut bien prendre la mesure de son engagement. Et comprendre que trois facteurs doivent être retenus : la situation personnelle de l'acquéreur, les qualités du placement immobilier et la fiscalité. Un patrimoine doit être diversifié. Parmi les outils sérieux qui autorisent cette diversification, il y a les valeurs mobilières, l'assurance vie et... la pierre.

Ces trois secteurs ont en commun de fonctionner selon des règles qui sont bien encadrées juridiquement. La pierre a longtemps été le placement favori de nos concitoyens. Elle le redevient car elle reste moins spéculative que la Bourse. Elle fut, pendant toutes ces

Un moyen d'épargner

L'immobilier a l'avantage d'obliger les cigales à épargner. Certains n'ont pas une âme d'investisseur... Les rembour-sements d'emprunt permettent de se constituer une épargne.

Investissement locatif : pour qui ?

L'investissement locatif concerne 18 % des ménages en France.
Très logiquement, la tranche d'âge la plus représentée est celle des 50-59 ans, avec plus de 28 %, la moins représentée étant celle des moins de 30 ans, avec 4,5 %.
En dehors des agriculteurs (pour des raisons évidentes), les professions libérales sont 43 % à détenir des biens immobiliers autres que leur logement, contre 20 % pour les retraités et 7 % pour les ouvriers. Pour la répartition entre locatif et résidences secondaires, 11 % des ménages disposent d'un patrimoine immobilier locatif et 6 % d'une résidence secondaire.

Les acteurs de votre achat immobilier

Ils sont nombreux. En France, une transaction immobilière doit faire l'objet d'un acte authentique, publié à la conservation des hypothèques. Pour rédiger des statuts et actes relatifs à des sociétés immobilières, vous aurez recours à un notaire. Vous immatriculerez votre société au greffe du tribunal de commerce. Pour valider vos montages financiers, vous vous tournerez vers des professionnels de la gestion de patrimoine. Pour organiser la transmission de vos biens, vous vous adresserez à un notaire. Pour réaliser votre crédit, vous solliciterez votre banque. Vous transformerez vos biens ou construirez d'après des dispositions d'urbanisme. Enfin, vous enverrez votre déclaration de revenus fonciers au percepteur.

dernières années inflationnistes, un véritable rempart contre l'érosion monétaire. Les intérêts d'emprunt étaient gommés par l'inflation. Mais cela, aujourd'hui, c'est de l'histoire ancienne. L'inflation n'est plus à l'ordre du jour. Pourquoi, aujourd'hui s'intéresser à l'investissement pierre ?

La pierre a une valeur financière... et affective !

Ce n'est pas le cas des autres placements. Les valeurs mobilières et l'assurance vie restent du « papier ».

Un investissement à usage immédiat

Il est possible de profiter d'un investissement dans la pierre en l'habitant. On peut aussi le louer et en tirer des revenus locatifs, le vendre et réaliser une plus-value selon un schéma classique sécurisant, puisque l'intervention d'un notaire est nécessaire pour élaborer l'acte d'achat ou de vente.

Contextes

Les évolutions économiques et démographiques ont des conséquences importantes sur les marchés de l'immobilier. L'exode rural des années 1950 à 1970 a marqué le fort développement des grandes agglomérations. Depuis plusieurs années, on constate un important développement de la plupart des capitales régionales au détriment des autres départements. Rien n'est plus faux de croire immuable la valeur d'un bien immobilier. Au contraire, les évolutions sont nombreuses, permanentes et s'accélèrent au gré de notre monde qui change de plus en plus vite.

Un placement « pierre » est clairement répertorié

Si l'on peut perdre un contrat d'assurance, le risque à l'évidence n'existe pas pour un appartement. Car l'acte de propriété est conservé chez le notaire et publié à la conservation des hypothèques.

L'emprunt immobilier offre une couverture prévoyance familiale

Il serait dommage de la négliger. Effectivement, un emprunt est assorti d'une assurance-décès destinée à rembourser l'établissement financier prêteur en cas de décès ou d'invalidité de l'emprunteur.
Si un tel malheur survient, les héritiers seront libérés du remboursement de tout ou partie de la dette (en fonction de la quote-part assurée) et pourront continuer à profiter d'un bien immobilier, totalement payé. Il est possible aussi de souscrire des assurances « loyers impayés » et ainsi de sécuriser un rendement locatif.

Quelques conseils avant de vous lancer

Vision à long terme indispensable !

Un investissement immobilier s'envisage obligatoirement sur le long terme. Ce qui signifie que les capitaux que vous vous apprêtez à engager seront mobilisés, et donc gelés, quelques années. N'engagez pas de capitaux dont vous pourriez avoir besoin rapidement.

Contrairement à la Bourse, l'achat et la revente immédiate en vue de réaliser une plus-value sont délicats en matière immobilière, en raison des frais occasionnés par toute acquisition : 4,89 % de droits de mutation, les frais de l'acte, ainsi que les éventuelles garanties et mainlevées (émoluments du notaire, droit de timbre et débours), et parfois une commission d'agence, si vous passez par un intermédiaire.

Attention

Si vous achetez un bien que vous êtes obligé de revendre rapidement pour des raisons qui vous sont propres, il est souhaitable que vous réalisiez une plus-value pour rentrer au moins dans vos frais.

Conservez des capacités d'emprunt

La plupart des investissements immobiliers se réalisent à l'aide d'un crédit *(voir détails des opérations p. 73)*. Vous allez donc solliciter votre banquier. Les banques accordent des prêts dont les échéances de remboursement sont fonction de la totalité de vos revenus, incluant souvent les revenus locatifs qui correspondent à l'investissement projeté.

Évitez d'emprunter un montant qui puisse empêcher d'autres emprunts ultérieurs.

Attention à la fiscalité

Un investissement va générer des revenus qui seront imposés. Même si vous avez réfléchi aux incidences fiscales de votre projet avec précision (intérêts d'emprunt déductibles des revenus, amortissement dans le neuf, taxes diverses), n'oubliez jamais que les données fiscales peuvent évoluer considérablement sur la durée de votre location.

D'une part, les règles fiscales peuvent changer à l'occasion d'une loi de finances et modifier vos prévisions. D'autre part, votre situation personnelle peut évoluer : vos revenus professionnels peuvent augmenter ou diminuer et votre situation familiale peut changer (mariage, divorce, naissance, enfant quittant le foyer fiscal, etc.).

Or, les revenus fonciers vont s'ajouter à vos autres revenus et seront imposables en fonction de votre tranche d'imposition. Si celle-ci varie, le bilan fiscal de l'investissement sera modifié d'autant. Raison de plus pour programmer un investissement avec une marge de trésorerie suffisante.

Prenez votre temps

Ne prenez pas de décision à l'emporte-pièce. Visitez plusieurs biens du même type avant de vous engager. Autant le choix d'une résidence principale peut se faire sur un « coup de cœur », autant le choix d'un investissement locatif doit être rationnel et réfléchi. Le montant prévisionnel du loyer est aussi important que le prix du bien lui-même. Avant d'acheter, vérifiez l'état du marché locatif local : poussez la porte des agences immobilières du quartier et consultez les journaux de petites annonces.

Les agents immobiliers et les notaires sont les professionnels qui connaissent le mieux l'état du marché. Aujourd'hui, les agents immobiliers sont les inter-

médiaires d'environ 45 % des transactions immobilières annuelles. Leur profession est réglementée et leurs honoraires doivent être clairement affichés.
Les banques et établissements financiers se sont dotés de structures adaptées au conseil immobilier, qui ont des accords avec des promoteurs. Les plus grands établissements ont aussi créé des filiales de promotion et construction immobilières.
L'État et les grands organismes publics vendent de nombreux biens, que l'on peut acquérir de gré à gré ou aux enchères. Mais le mode dominant aujourd'hui est la transaction directe entre particuliers (plus de 50 % des ventes). Surtout, le développement d'Internet permet aux vendeurs d'exposer leurs biens et aux acquéreurs de les visiter sans se déplacer, et d'être ainsi sélectifs.

Gardez les coudées franches

Fixez-vous un budget en fonction de vos propres revenus, mais aussi des impondérables de tout investissement immobilier. Des événements imprévus peuvent survenir à tout moment : une tempête qui emporte la toiture et que la société d'assurance ne prend pas en charge totalement, une chaudière qui lâche, etc.

Bien cerner ses besoins et ceux des futurs locataires

Les studios ont moins la cote

Étudiants : qui loue ?

Ce ne sont pas les parents, mais les étudiants eux-mêmes qui signent le bail : ceci leur permet de solliciter l'attribution d'allocations logement, qui ne sont pas négligeables. Le plus souvent, le bailleur demandera aux parents de se porter garants du paiement des loyers. Il est également possible de recourir à des garanties proposées par les mutuelles étudiantes.

Un achat immobilier est un investissement lourd qui s'inscrit dans le temps. Sauf période de forte euphorie et à condition de réaliser une belle plus-value, il n'est pas possible de gérer un patrimoine pierre comme un portefeuille de valeurs mobilières.
L'achat et la revente sont le lot des marchands de biens, non celui des investisseurs, simples particuliers. Il faut en effet prendre en compte les « frais de notaire », les différents débours, les droits, les frais d'emprunt, la prise d'hypothèque, etc. Mieux vaut donc commencer par faire un « bon achat », c'est-à-dire une acquisition raisonnée.

Pourquoi les studios ont moins la cote...

Les studios ne sont pas forcément la bonne solution pour commencer à capitaliser car ils s'adressent à une clientèle restreinte. D'autant que la recette d'antan qui avait cours dans les années 60-70 (acheter un studio, le vendre puis acquérir un deux-pièces et ainsi de suite) n'est plus forcément, en période de faible inflation, la meilleure méthode pour se constituer un patrimoine pierre à usage locatif.
Souvent, les jeunes vivent le plus longtemps possible chez leurs parents, puis se mettent en ménage et, pour cela, privilégient la location de deux pièces. Et encore, il faut un vrai deux pièces !

Check list express, avant de se décider

Marché moins spéculatif qu'à la fin des années 80, taux d'intérêts particulièrement bas, fiscalité parfois attractive : ces paramètres ne doivent pas faire oublier à l'investisseur que chaque investissement « pierre » est particulier. Voici six conseils :

1 Vérifiez l'emplacement : l'immobilier ne vaut que par lui. Il faut donc se rendre impérativement sur place avant de se décider.

2 Prenez connaissance des garanties financières offertes par l'opérateur. Il doit être à même de remplir ses engagements. Pour le neuf, prenez connaissance des garanties et assurances du professionnel.

3 Contrôlez la réputation des intervenants. Le savoir-faire, l'expérience, la connaissance du tissu local sont des éléments importants.

4 Examinez le prix au mètre carré. Sous prétexte d'avantage fiscal, certains intervenants n'hésitent pas à « gonfler » l'addition. Or, surpayer un investissement, c'est s'exposer à ne pas engranger de plus-values à long terme. Il faut donc se renseigner auprès des agents immobiliers et des notaires. Consultez aussi les revues spécialisées.

5 Assurez-vous de l'existence d'une demande locative solvable. Les investissements immobiliers assortis d'un avantage fiscal obligent le propriétaire à louer pendant une période plus ou moins longue. Sans locataire, l'administration sera fondée à réclamer la restitution de l'avantage fiscal.

6 Pour l'immobilier « en défiscalisation », préférez les opérateurs qui fournissent une logistique. Pour remplir les divers documents ou tout simplement suivre l'évolution de votre investissement, il est indispensable que le promoteur ne se contente pas de vendre, puis de « lâcher » son client.

La spéculation

Comme en toute matière, la spéculation consiste à acheter un bien pour réaliser une plus-value et donc à le vendre rapidement. C'est l'apanage de la profession de « marchand de biens ». Il s'agit d'une activité très réglementée. Attention : un particulier qui vend des biens immobiliers à une fréquence trop importante peut-être considéré comme un marchand de biens et taxé en conséquence sur les plus-values professionnelles (BIC) réalisées.

Les lieux où il faut acheter

D'une manière générale, hors immobilier de vacances, l'investisseur devra s'interroger sur le potentiel économique de la zone qu'il choisira : l'axe Lille-Paris-Lyon-Marseille est le plus prometteur. Sans oublier Strasbourg, Nantes, Toulouse ou Nice... Les centres villes sont les plus chers, mais ils sont toujours préférables aux périphéries. Enfin, il faut penser aux commodités : écoles, commerces, transports, environnement, etc.

Que penser de la hausse des prix de l'immobilier ?

Prendre en compte toutes les données

La pierre a le vent en poupe. Mais, compte-tenu de l'évolution des prix enregistrée depuis plusieurs années, est-il encore sage d'investir dans la pierre ?
Même si l'on peut s'interroger sur la capacité du marché à continuer à évoluer au même rythme, la pierre demeure un investissement qui mérite toute notre attention en dehors des seules perspectives de plus-values. Il est important de donner quelques indications sur les comportements de ce marché complexe qu'est l'immobilier.

Une forte augmentation des prix

En premier lieu, on constate depuis 1998 une forte augmentation des prix, à Paris comme en province, dans le neuf comme dans l'ancien, y compris dans des villes traditionnellement peu chères, comme Lyon ou Marseille, qui ont d'ailleurs depuis perdu cette réputation.
On ne peut, après six années de hausse, exclure une stabilisation. Faut-il pour autant craindre un retournement de situation ? Nous avons tous en tête la crise des années 1990, qui a eu pour conséquence une sévère correction sur les prix de l'immobilier. Les graphiques qui suivent sont d'ailleurs éloquents pour ce qui concerne la hausse des différents marchés.

Immobilier et cycles

L'analyse du comportement des marchés immobiliers est assez récente : elle remonte à l'après-guerre. Dans les années 50, est survenue une grave crise de l'immobilier. Les années 60, au contraire, ont vu le marché se calmer et même stagner. L'inflation des années 70 a eu des effets bénéfiques pour les propriétaires endettés. Puis un nouveau cycle de hausse est apparu à partir du début des années 80, avec un pic en 1991 et une chute lourde sur plusieurs années, avant une nouvelle reprise en 1997.

Définition

Dans cet ouvrage, nous ne nous intéressons qu'à l'immobilier d'habitation, qui est le plus accessible et le plus compréhensible pour les particuliers. L'immobilier d'entreprise est régi par des règles et une législation différentes. Mais surtout, le niveau des prix rend l'approche financière difficile, sinon impossible, aux patrimoines moyens. L'immobilier industriel est encore plus éloigné des possibilités des particuliers.

Une hausse à relativiser

Si l'on regarde plus loin en arrière, on s'aperçoit que le marché de l'immobilier, à l'exception de Paris, connaît des cycles relativement réguliers. Ainsi, le prix moyen des appartements anciens vendus a progressé, depuis 1988, de 155 % sur la France entière ; mais le marché parisien de l'ancien sur la même période a progressé davantage : 180 % *(voir figure 1, ci-contre)*. Par contre, si l'on regarde l'évolution du marché de l'immobilier sur un plus long terme, on note que, sur 24 ans, en francs et euros constants, la hausse du marché parisien est d'environ 80 %, mais que nous sommes tout juste au niveau du record de 1991 *(voir figure 2, ci-contre)*.

Des facteurs structurels puissants sur un marché aux évolutions lentes

Il faut savoir qu'un peu plus de la moitié des Français (57 %) est propriétaire de sa résidence principale ; or ce chiffre évolue très peu. Une situation très différente de l'Espagne ou du Royaume-Uni, où il existe davantage de propriétaires que dans l'Hexagone (respectivement 80 et 70 %).
Même si tous les locataires n'ont pas vocation à devenir propriétaires, on sait que les Français sont attachés à la pierre et à la propriété privée. Comme le confirme une étude sociologique sur les relations des Français avec leur habitat, le logement reste prioritaire dans l'esprit et dans la vie de nos concitoyens. Ainsi, selon l'IFOP, 63 % des Français de 18 ans et plus disent accorder beaucoup d'importance à leur maison contre 59 % au travail et 48 % aux loisirs.

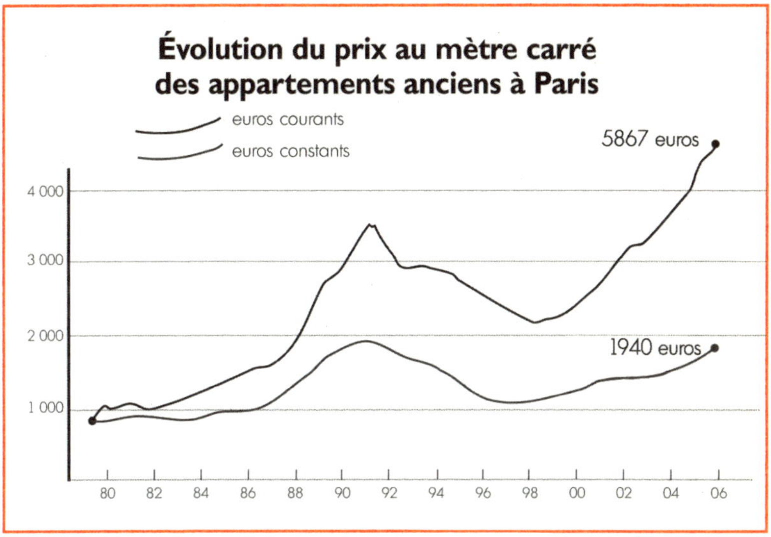

Figure 1 (source : Notaires de Paris)

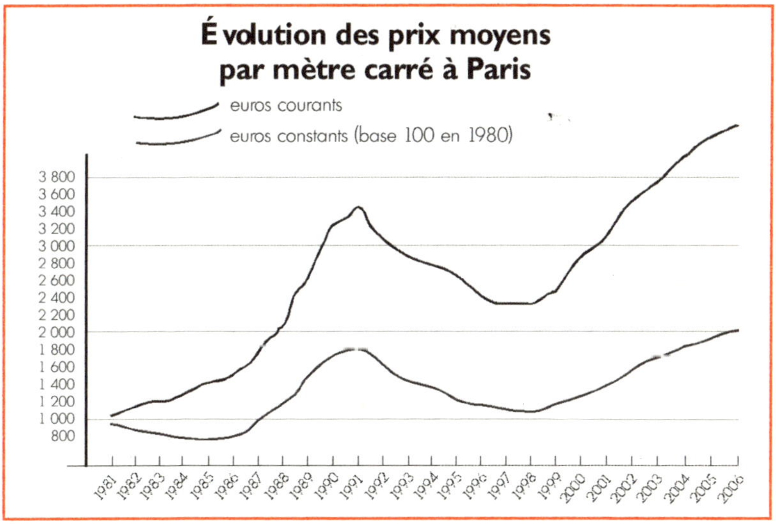

Figure 2 (source : Notaires de Paris)

Évolution du prix moyen au mètre carré des appartements vendus (en euros/m²)

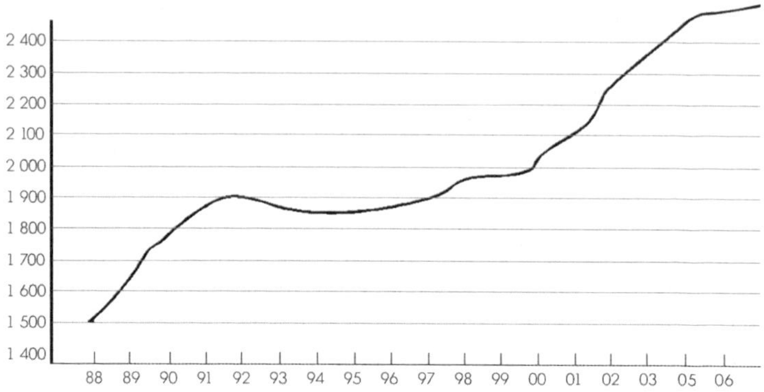

Figure 3 (source : Notaires de Paris)

La rareté de l'offre

Selon l'Insee, pour satisfaire la demande, il aurait fallu construire 320 000 logements jusqu'en 2005, puis 290 000 logements de 2005 à 2009.

Or, 300 000 logements seulement sont construits chaque année. Selon la FNPC (Fédération nationale des promoteurs constructeurs), les stocks dans le secteur du neuf au deuxième trimestre 2004 s'élevaient seulement à 35 069 logements. L'une des raisons majeures demeure la pénurie de réserves foncières. La situation de l'Île-de-France illustre bien cette situation : alors que 53 000 logements nouveaux sont nécessaires par an pour répondre aux évolutions démographiques, la construction de nouveaux logements n'a pas dépassé 45 000 en moyenne entre 1990 et 1999, et elle est même tombée à 32 000 en 2002 et 30 000 en 2003, soit les niveaux les plus bas depuis les années 60. Ce faible chiffre est dû principalement au manque de terrains à bâtir.

Un déséquilibre atténué

Cependant, pour la première fois depuis très longtemps, les années 2005, 2006 et 2007 seront des années record de construction de nouveaux logements. En 2006, 430 000 demandes de mises en chantier et 555 000 nouveaux permis de construire ont été accordés. Rien que dans le secteur des logements sociaux, 2006 est aussi un record avec plus de 120 000 nouveaux logements.

Ainsi ce retournement mérite-t-il d'être souligné, puisque, dans certaines zones géographiques, en particulier dans de nombreuses villes moyennes, on va assister à une nette amélioration de l'équilibre entre l'offre et la demande. Ce ne sera, hélas, pas le cas à Paris, où le nombre de mises en chantier ne cesse de diminuer, faute de réserves foncières. Du seul point de vue de l'offre et de la demande, il est donc vraisemblable que l'on va assister à une moindre pression générale, Paris et sa région exceptés.

À savoir

La densité des logements des villes n'a cessé de progresser. Pour bâtir davantage, il n'existe que deux solutions : en hauteur, en construisant des étages supplémentaires ; ou en annexant les terrains libres qui subsistent. Au fil des années, les communes rendent constructibles les réserves foncières qu'elles avaient constituées.

Des incitations fiscales conséquentes

La construction en matière de logements neufs se porte bien. On assiste même à un véritable engouement. En effet, selon le ministère de l'Équipement, au cours du deuxième trimestre 2004, le nombre de permis de construire a atteint le nombre de 112 500, ce qui représente une augmentation de 30 % par rapport à la même période l'année précédente.

Ce boom a été favorisé par la loi Robien. Ceux qui investissent dans l'immobilier pour louer le ou les biens achetés bénéficient d'un avantage fiscal important. Il s'agit d'un amortissement échelonné sur 15 ans couvrant jusqu'à 65 % du prix d'achat. L'amortissement constitue une charge déductible des revenus fonciers. S'il en résulte un déficit, il est déductible dans certaines limites du revenu global, entraînant ainsi une

Politique nationale, régionale ou locale ?

Tous les échelons de l'administration interviennent dans la tenue des marchés de l'immobilier.
L'État légifère et réglemente, agissant sur les grands équilibres et les grandes évolutions.
Il aide aussi à sa manière les différents acteurs et répartit ses aides dans trois sens :
1) l'aide aux personnes, sous forme de versement d'allocations logement pour amoindrir le coût des loyers ;
2) l'aide aux investisseurs-bailleurs, pour inciter à la construction de logements ;
3) l'aide au logement social par le soutien de l'activité des organismes d'HLM.
Les régions interviennent aussi, mais plutôt dans le domaine de l'aménagement du territoire et la définition de politique économique et de logement régionale : travaux, subventions, etc.
Les communes, enfin, déterminent leur plan d'urbanisme : affectation de tel quartier à telle activité, fixation des densités de construction, interventions directes sur le marché par l'exercice d'un droit de préemption.

Permis de construire

Les permis de construire ou d'agrandir sont délivrés par les maires ou les préfets.
Ils disposent d'un délai de deux mois en principe pour donner leur réponse après le dépôt de la demande. Si celle-ci est conforme au plan d'urbanisme de la ville, ils ne peuvent refuser le permis. Celui-ci devra être affiché pour permettre éventuellement aux tiers (voisins, associations diverses, etc.) de le contester.

diminution d'impôt sur le revenu. Sur les 110 000 appartements neufs vendus en 2004, 55 % ont été acquis par des investisseurs, le plus souvent à l'intérieur de ce régime fiscal.
Dans un autre registre, citons aussi les incitations fiscales fortes qui ont encouragé les donations : nombre d'enfants ou de petits-enfants ont pu accéder à la propriété après une aide financière des parents ou grands-parents profitant d'exonérations fiscales. N'oublions pas non plus la réforme de la fiscalité sur les plus-values immobilières du 1er janvier 2004, qui aligne le taux de taxation des plus-values immobilières sur les plus-values d'une autre nature. Enfin, les droits de mutation ont sensiblement baissé, pour être ramenés au taux de 4,89 % au 1er janvier 2000.

L'immobilier et le contexte économique

Arbitrages et placements

La seule rareté de l'offre et les incitations fiscales n'expliquent pas toutes ces hausses, et l'on doit se poser la question : pourquoi, dans un contexte de croissance économique modérée, l'immobilier a-t-il pu augmenter autant ? En premier lieu, il est incontestable que l'on assiste depuis quelques années à une réorientation de l'épargne des Français au profit de l'immobilier et au détriment de la Bourse. Ainsi la part de l'immobilier dans le patrimoine de nos concitoyens est-elle repassée au-dessus de la barre des 50 %, alors qu'elle était de 39 % en 2000.

La réforme de janvier 2004

Le plan de cohésion sociale 2005-2009 comprend 3 axes :
- la production locative sociale,
- la mobilisation du parc privé,
- le renforcement de l'accueil et de l'hébergement d'urgence.

Sur cinq ans, il représente un coût pour l'État de 1,7 milliards d'euros, soit 13 % du coût total du plan, estimé à 12,8 milliards d'euros. Pour la seule année 2005, 227 millions d'euros concernent le logement, soit 24 % des dépenses du plan (1 146 millions d'euros). L'objectif est de passer progressivement de la production de 53 000 logements par an observée, en moyenne, au cours des six dernières années, à 80 000 logements en 2005, et à 120 000 par la suite, soit 500 000 logements sur cinq ans. 310 000 logements seront financés en PLUS et en PLA-I, 140 000 en PLS et 50 000 par l'association Foncière logement. L'ambition est de porter à 40 000 par an le nombre de logements à loyers maîtrisés conventionnés avec les aides de l'ANAH, contre 17 200 en 2003, avec un objectif de 20 000 en 2004.

Ventes d'État

L'État envisage de mettre en vente pour environ 800 millions d'euros d'actifs immobiliers : 100 millions l'ont déjà été en 2004, 850 millions pour 2005, et à nouveau 900 millions en 2006. Une partie des recettes sera consacrée au désendettement, et une autre aux frais de déménagement de certains ministères.

Financement : la baisse des taux d'emprunt
La baisse des taux est un facteur qui a considérablement encouragé la bonne tenue du marché de l'immobilier ; ainsi, de septembre 2000 à septembre 2004, les taux moyens pratiqués ont baissé de 2,5 points. En clair, cela a permis, à remboursement équivalent, d'emprunter et donc d'acheter 18 % de plus.

Financement : l'allongement des durées
Là aussi on constate un phénomène récent : traditionnellement limitée à 15 ans et plus rarement à 18, la durée des emprunts a fait un bond. Ainsi, depuis le début de l'année 2004, 40 % des primo-accédants (les ménages qui achètent leur première résidence principale) empruntent sur 20 ans ou plus.La différence est considérable puisqu'aux taux de crédit actuellement pratiqués, un emprunt sur 20 ans permet, à mensualité et donc effort de trésorerie constants, d'emprunter 22 % supplémentaires.

Les emprunts

Les durées moyennes des emprunts pour l'achat de résidences principales ne cessent de s'allonger. Les durées de 15 ans étaient rarement dépassées jusque très récemment. La hausse des prix et la baisse des intérêts d'emprunt ont entraîné une hausse importante de la durée d'emprunt, puisque 40 % des primo-accédants empruntent sur 20 ans et davantage. En revanche, les investissements locatifs se financent le plus souvent sur des durées comprises entre 12 et 18 ans, 15 ans étant la durée la plus utilisée.

Les ménages s'endettent

Si la baisse des taux et l'allongement de la durée des prêts ont permis d'emprunter davantage à trésorerie équivalente, on constate de surcroît un autre phénomène qui a permis au marché de l'immobilier de décoller : l'endettement des ménages a progressé, passant de 50 % en 1998 à 61 % aujourd'hui .

L'augmentation des loyers

Parmi les facteurs de hausse de l'immobilier, citons encore l'augmentation des loyers : 4,2 % en moyenne ces six dernières années, soit presque le double de l'inflation ; cette hausse a sans doute incité les locataires qui le pouvaient à s'endetter pour devenir propriétaires, de même que les investisseurs ont été logiquement attirés par de meilleurs rendements locatifs. Nous ne nous trouvons pas dans un environnement spéculatif comme à la fin des années 80, mais nous assistons à la satisfaction d'une véritable demande, autrement dit d'un besoin dans un marché qui a beaucoup progressé, certes, mais dans des circonstances très explicites.

Alors comment imaginer les évolutions futures ?
Certains facteurs de hausse nous semblent épuisés :

- si une forte remontée des taux de crédit est très improbable, la hausse récente mais modérée semble bien installée et durable ;
- dans le système et la culture bancaires de notre pays, la poursuite d'un allongement des durées d'emprunt ne nous semble pas probable, même si l'offre de certains établissements va dans ce sens ;
- l'endettement des ménages a ses limites, même s'il y a encore des réserves (toute comparaison avec les États-Unis doit être prise avec précaution ; mais les ménages outre-Atlantique sont endettés en moyenne à 120 %) ;
- la hausse des loyers ne pourra pas perdurer sans risque pour la solvabilité des locataires, et nous en sommes – selon nous – très proches ;
- les effets comparatifs négatifs de la baisse de la Bourse ou positifs des incitations fiscales sont eux aussi derrière nous.

Le marché s'assagit lentement

Londres demeure la capitale la plus chère d'Europe (6 485 € le m²) suivie par Luxembourg (5 411 €), Paris (4 465 €), Stockholm (3 344 €), Madrid (3 280 €), Amsterdam (2 880 €), Helsinki (2 863 €), Berlin (2 223 €) et enfin… Bruxelles (1 694 €). Néanmoins, sur l'ensemble de l'année 2004, les prix ont encore progressé de plus de 15 % sur l'ancien en moyenne en France.

Vente à la découpe : alerte !

La hausse des prix et son corollaire, la baisse des rendements immobiliers, incitent nombre de propriétaires institutionnels à mettre en vente des immeubles complets. Ainsi, des locataires présents depuis parfois plusieurs décennies se voient sommés de se porter acquéreurs de leur logement… ou de quitter les lieux. Problème : il s'agit souvent d'immeubles cossus dans de bons quartiers. Nombreux sont les locataires qui ne peuvent acheter. D'où un nouveau phénomène social inattendu. Un projet de réforme est actuellement en cours pour encadrer les ventes à la découpe.

En conclusion, la hausse constatée ces dernières années, si elle a été généralement – voire localement – très ou trop forte, n'a pas révélé de caractère par trop excessif. Il nous semble cependant que les raisons objectives de ces hausses vont soit s'atténuer pour certaines, soit disparaître pour d'autres.
Les valeurs constatées sur les différents marchés sont économiquement justifiées et acceptables, mais nous nous situons à un niveau élevé : de nos jours, sur Paris, un couple de cadres moyens avec deux enfants ne peut acquérir un trois ou quatre pièces sans un apport substantiel provenant généralement d'une revente, au risque de dépasser les plafonds d'endettement.
En conséquence, si à court terme, les prix de l'immobilier devaient continuer de progresser fortement, nous pourrions considérer que nous entrons dans des excès ne pouvant avoir comme issue qu'une forte correction. Si, au contraire, les prix devaient se stabiliser, voire se tasser légèrement, alors la hausse récente serait absorbée et digérée.
À moyen terme cependant (5 à 7 ans), nous ne devrions pas connaître de hausse forte par rapport aux valeurs actuelles ; quant au long terme (10 à 15 ans), les paramètres économiques, sociaux, fiscaux ou géo-politiques sont trop incertains pour pronostiquer de nouvelles plus-values. À tous ceux qui envisagent prochainement une accession ou un investissement, nous conseillons donc de savoir raison garder et notamment d'être très sélectifs sur le niveau des prix comme sur l'emplacement.

Allongement de la durée des prêts

En 2006 pour la première fois, la durée moyenne des crédits consentis dépasse 20 ans, contre 15 ans au début des années 2000.
Ce processus est essentiel pour comprendre la façon dont le marché a pu absorber l'inflation des prix de l'immobilier.
À mensualité égale, on emprunte sur 20 ans 22 % de plus que sur 15 ans. En 2005, dernière statistique connue, 44% des primo-accédants (les ménages qui achètent leur résidence principale pour la première fois) ont emprunté sur plus de 20 ans, et il est très fréquent de rencontrer des dossiers de crédit sur 25 ou 30 ans.

chapitre 2

En quête d'un bien

Les grands arbitrages à effectuer

Neuf/ancien, appartement/maison ?

Vous êtes convaincu et vous avez décidé de vous lancer dans un investissement locatif. Il vous reste à choisir le type de bien que vous allez acquérir.

Rendements

C'est dans l'ancien que la rentabilité est la plus variable. Dans les grandes villes, comptez 2 à 3 % pour du haut de gamme, mais aussi de 4 à 5 % pour des petites surfaces de standing moyen. Dans le neuf, selon le standing, un rapport de 2 à 5 % maximum.

L'ancien : avantages et inconvénients

L'ancien offre le parc le plus important en volume : la durée de détention des biens ne cesse de baisser, les familles s'agrandissent, les ménages se séparent, les mutations professionnelles sont plus fréquentes. Le parc immobilier « tourne » ainsi de plus en plus vite. Le premier avantage de l'ancien est donc le choix ; les offres sont multiples, à tous les prix. Inconvénient : l'entretien nécessitera davantage de travaux, et donc de frais, que le neuf. L'ancien permet aussi de cibler plus facilement en fonction de l'objectif recherché : on pourra privilégier un standing courant ou un bien prestigieux.

Le neuf : avantages et inconvénients

Les constructions neuves font l'objet d'une offre beaucoup moins abondante. La plupart des acquisitions se font sur plans, et le bien est livré à son achèvement, ce qui peut mener à plusieurs mois après la réservation elle-même. Il faudra être très vigilant sur la qualité du promoteur : attention aux retards de livraison, aux malfaçons, voire aux constructeurs défaillants. Le neuf, sauf surprise, donne l'avantage de pouvoir prévoir une bonne dizaine d'années sans souci majeur avant que ne surviennent les premiers gros travaux d'entretien. Cependant, le niveau du prix d'acquisition est sensiblement plus élevé que pour l'ancien et la rentabilité est donc moindre.

Appartement...

Le choix d'un appartement dépend souvent de la localisation (dans les centres villes, il n'y a guère le choix) mais aussi du montant investi ; si votre budget ne dépasse pas 150 000 €, vous ne pourrez guère opter que pour une petite surface, et donc un studio ou un deux pièces.

L'acquisition d'un appartement est une bonne façon de se lancer dans l'activité locative : la gestion des charges et des petits travaux d'entretien est relativement aisée. Attention, plus la surface est petite, plus le locataire est instable : un jeune célibataire déménage plus facilement qu'une famille. Il faudra donc privilégier des zones à forte activité locative, comme le centre des grandes villes.

Neuf ou ancien, l'emplacement, c'est le placement

Même en pleine crise immobilière, les biens les mieux situés se vendaient correctement. Car l'emplacement est déterminant dans le prix de l'achat, mais aussi dans celui de la revente. Mieux vaut donc choisir un bien convenablement situé, même si le prix est plus élevé. À la clé, une revalorisation moins problématique.
Quant à l'appartement à proprement parler, mieux vaut le visiter plusieurs fois avant de se décider. En moyenne, un acheteur visite une douzaine d'appartements avant de se décider.

Travaux avec TVA réduite

L'achat et la pose de matériel ou d'équipement pour tous locaux d'habitation achevés depuis plus de deux ans bénéficient d'un taux de TVA à 5,5 %.
À noter : le matériel et la main d'œuvre doivent être fournis par une entreprise.

... ou maison individuelle

Si votre budget le permet, à partir de 200 000 €, une maison individuelle offre souvent une rentabilité supérieure à un appartement dans une copropriété : les charges collectives sont, par définition, absentes et vous êtes totalement maître de votre bien. En général, les maisons offrent une bonne stabilité locative. Attention : le risque locatif est plus élevé avec un loyer important, que pour un studio ou un deux pièces. Il est vivement conseillé de souscrire une assurance en cas de loyers impayés *(voir page 125).*

Ne négligez pas les produits originaux

Moins connus, mais intéressants

Des résidences spécialisées aux investissements commerciaux, en passant par les monuments historiques, plusieurs solutions originales s'offrent à l'épargnant tenté par l'investissement locatif.

Les résidences pour étudiants

Ce type d'investissement, d'un montant de 50 000 à 80 000 € selon les villes, peut être un bon moyen de se lancer dans l'immobilier *(lire page 81)*. Attention cependant à la localisation : certaines villes moyennes mettent beaucoup de ces résidences en chantier et peuvent ainsi gonfler l'offre. Et gare aux logements vides au-delà de la période de garantie de loyers.

Les résidences pour personnes âgées

Les maisons d'accueil pour personnes âgées dépendantes offrent des avantages fiscaux au moment de l'investissement et pendant la location. Mais l'expérience montre que le marché de la revente, qui n'offre plus les mêmes avantages, est très difficile. De plus, la gestion des établissements dépend en grande partie de la qualité de leurs exploitants et celle-ci est très variable. Non spécialistes : s'abstenir.

Les résidences de tourisme

Elles se portent bien. En effet, la France est le pays le plus visité en Europe et les Français disposent de plus en plus de temps libre. De fait, ces résidences, qui bénéficient d'avantages fiscaux substantiels *(voir page 113)*,

Résidences avec services

Ce sont des ensembles de chambres ou d'appartements meublés qui font l'objet d'une exploitation commerciale destinée aux étudiants ou aux personnes âgées (résidences médicalisées). Avantage : possibilité de récupérer la TVA et de profiter du statut de loueur en meublé professionnel *(voir Glossaire p. 170)*.

proposent des formules avec possibilité pour l'investisseur de disposer de semaines de jouissance. Le plus souvent, les loyers sont garantis, ainsi qu'une valeur de rachat. Ces investissements peuvent représenter une bonne diversification.

Les investissements commerciaux

Peu connus du grand public, ils peuvent concerner des murs de boutiques, des locaux d'entreprises ou des bureaux. Selon les cas, des rentabilités très élevées peuvent être atteintes : jusqu'à 15 à 20 % de rendement pour des entrepôts en zone industrielle. Mais les montants nécessaires sont souvent de plusieurs millions d'euros et, surtout, le cadre fiscal et juridique est très différent et bien plus complexe que celui qui régit l'immobilier et les baux d'habitation bourgeoise. Réservés aux professionnels.

Les groupements fonciers agricoles

Ces investissements entrent aussi dans la catégorie des revenus fonciers : vous pouvez acheter des vignes sous la forme de parts de sociétés civiles.
Les avantages fiscaux supplémentaires, réservés aux groupements fonciers agricoles, sont des abattements importants sur les droits de succession et de donations, ainsi que des exonérations partielles à l'impôt de solidarité sur la fortune (ISF) autres que pour les biens professionnels.
L'exonération, sous condition, est des trois quarts de la valeur des parts jusqu'à 6 000 euros et de 50 % au-delà. Mais mieux vaut s'en remettre à des professionnels si vous êtes tenté. Le seul intervenant disposant, à notre connaissance, d'une offre permanente est l'Union française de gestion. Non avertis, s'abstenir.

Les monuments historiques ou classés

Ces catégories d'investissements restent avant tout des opérations fiscales. En effet, en fonction de règles assez contraignantes, les travaux de rénovation génèrent un déficit foncier qui sera déductible du revenu global. Ces opérations sont à étudier avec précaution : les valeurs d'acquisition sont souvent élevées et les travaux à réaliser sur factures ; enfin, ces opérations sont fiscalement et juridiquement complexes.

Les visites virtuelles

Si les transactions ne se signent pas par Internet, ce moyen permet, à partir de son fauteuil, de consulter d'innombrables sites sur tous les aspects immobiliers : les marchés, la location, etc. Vous pouvez visualiser, non seulement le bien lui-même et chacune de ses pièces, mais aussi les immeubles voisins. Le gain de temps est considérable.

Pensez à la pierre papier

Il peut être judicieux de s'intéresser aux SCPI (sociétés civiles de placement immobilier) pour profiter de rendements locatifs sans souci de gestion.
À la clef, une rentabilité de l'ordre de 6 à 7 % *(voir chapitre 7, page 152 et suivantes)*.

Dix critères pour évaluer un bien...

... et ne pas revenir à la case départ

Si vous tombez amoureux d'un appartement au charme fou, d'une maison qui fleure bon la quiétude provinciale, d'une bâtisse du XIXe siècle à rafraîchir ou d'un loft branché, passez votre chemin. Ses critères ne sont pas objectifs. Ils peuvent être importants pour celui ou celle qui envisage un achat immobilier pour y vivre, mais certainement pas dans la perspective de réaliser un investissement locatif. Rappelons cette évidence : l'investisseur doit acheter un patrimoine pierre de bonne qualité à un prix raisonnable. Car la rentabilité locative est liée au prix d'acquisition, tout comme la plus-value au moment de la revente. C'est la raison pour laquelle il convient de prendre en compte un certain nombre de facteurs, certains évidents, d'autres plus inattendus, avant de se décider.

Activité unique

Évitez aussi les villes qui n'ont d'existence que par leur proximité avec une seule grande entreprise. Il suffirait d'une délocalisation pour que le propriétaire se trouve doublement « coincé » : plus de locataire et peu de chances de vendre son bien.

1. Aurez-vous des locataires ? Assurez-vous au préalable de l'existence d'une demande locative solvable. Souvent, les appartements en centre ville se louent mieux que ceux très éloignés des centres d'activités ou des lieux de vie. Mais ce critère est insuffisant. Il faut bannir les villes « mortes » et préférer celles qui abritent une population diversifiée, tant en âge que dans son profil socio-économique.

2. L'état du gros œuvre. Les majestueuses façades en pierre de taille sont souvent le gage d'une belle construction ancienne, en règle générale assortie de charges assez faibles si l'entretien est régulier. Souvent, ces immeubles possèdent un balcon (élément important pour séduire le locataire et valorisant à la revente), des parquets (faible entretien), une cheminée (qui dénote un certain cachet, même si elle est inopérante) et une bonne hauteur de plafond qui évite la sensation d'oppression ressentie souvent dans les nouvelles constructions, davantage conçues pour « être habitées » que pour y vivre. Attention cependant au revers de la médaille. L'espace n'est pas distribué de façon optimale (long couloir, chambres exiguës). Ces appartements qui conviennent bien à une demande locative de type « cadre avec enfants » se présentent sur le marché dans une fourchette de prix permettant une décote à l'achat de l'ordre de 10 % à 30 % par rapport à un appartement plus moderne.

Parkings : attention !

Gare à la taille des emplacements. La mode actuelle est aux voitures de type familial (Espace, 4x4) ; certains emplacements sont tout juste bons à accueillir une micro-voiture.

3. La présence d'un parking. Dans les grandes métropoles, se garer relève de l'exploit quotidien. Le parking individuel ou collectif est une nécessité, sauf s'il en existe un proche de l'immeuble.

4. Une terrasse ou un balcon. À s'en tenir aux critères de la loi Carrez, le balcon ou la terrasse ne sont pas pris en compte dans le calcul de la superficie. Néanmoins, un mètre carré de terrasse ou de balcon s'évalue à environ 50 % du prix d'un mètre carré habitable. Plus encore si ces espaces sont orientés plein sud. Préférez les balcons et terrasses qui prolongent le séjour plutôt que les chambres.

5. Rez-de-chaussé ou étage. Un poète a dit : « Vivre haut, c'est vivre riche. » Souvent, le prix des appartements varie en fonction de l'étage, avec un écart qui peut atteindre 30 % entre un rez-de-chaussée et les derniers étages. Toutefois, si le rez-de-chaussée donne sur une petite cour ou un jardinet privatif, il sera recherché. À condition de prendre les dispositions nécessaires pour éviter les vols.

Petit jardin en ville

Dans certains arrondissements parisiens, on trouve encore de petites maisons avec jardin. Ces biens, extrêmement recherchés, s'arrachent à des prix bien plus élevés que des surfaces équivalentes en appartement.

6. Une vue dégagée et une bonne luminosité. Les règles pour se sentir bien chez soi insistent sur la lumière : sombre, et l'on est triste ; clair, et la vie s'embellit. « Let's the sun shine in » n'est jamais passé de mode. Avant de se décider, il faut venir à différentes heures du jour (matin, midi et fin d'après-midi) pour apprécier la luminosité. Bien sûr, le bon sens consiste à ouvrir toutes les fenêtres. Si l'une d'entre elles débouche sur un mur ou une enseigne à néon, il faudra passer son chemin. La vue doit être agréable et apaisante (sensation d'espace). Le nec plus ultra demeure l'orientation sud-est ou sud-ouest qui permet de profiter plus longtemps des rayons du soleil. À vérifier pour les derniers étages bien éclairés : la présence d'un ascenseur. Indispensable.

7. Un jardin en ville. Ce type de maison de ville reste rare dans les grandes métropoles comme Paris et forcément coûteux. Mais les biens rares se revendent plus facilement, même en période de crise. Généralement, les locataires sont plus stables et plus fortunés.

8. Prendre en compte les travaux. Il n'est pas inutile de se faire accompagner d'un spécialiste de la remise en état tant il est difficile pour un néophyte de se faire une idée exacte du coût de la rénovation.

Gare à l'apparence ! Se focaliser sur les carreaux de la salle de bain ou de la cuisine est une erreur, si l'on doit refaire entièrement l'installation électrique...

9. Gare au bruit. C'est l'une des principales causes de déménagement. Un feu tricolore en bas de l'immeuble, la présence de commerces bruyants (restaurants où, souvent, les clients prolongent la convivialité du repas du soir sur le trottoir aux beaux jours), absence de double vitrage, proximité du train, d'un aéroport... tous ces critères peuvent contribuer à minorer le prix de l'appartement dans une fourchette de l'ordre de 10 % à 20 %. Le silence est d'or...

10. La présence de commerces et d'infrastructures. Une école à bonne réputation, un boulanger, des médecins, une piscine, un square et, bien sûr, proximité des transports en commun sont de véritables atouts. Dans un tel contexte, les appartements et maisons se louent et se revendent mieux.

À qui s'adresser pour acheter ?

Les professionnels de la vente

Il existe de nombreuses façons de se porter acquéreur d'un bien immobilier et de nombreux chemins pour y parvenir. Voici les plus courants.

Les agents immobiliers de quartier

Ils réalisent près de 50 % des transactions. Ils sont nombreux et le jeu de la concurrence modère souvent les prix. Ils connaissent bien le marché local et leur intérêt est de vendre les biens rapidement, et donc au bon prix. Cette profession, dont la responsabilité dans les transactions est engagée, a évolué dans le bon sens ces dernières années et rend globalement un service de qualité. Rémunérés par une commission dont le montant peut toujours être négocié, ils doivent jouer un rôle de conseil pour la vente comme pour la location.

Les gestionnaires de patrimoine

Ces professionnels indépendants ne proposent en général que du neuf : ils ont conclu des contrats de collaboration avec des constructeurs, contre rémunération. Cette profession n'est pas homogène, mais certains peuvent être de bon conseil. Souvent, l'offre est globale et peut inclure financement, gestion locative et assurances.

Transaction directe

Il existe de nombreux supports de publication d'annonces entre particuliers. Il n'y a aucune raison de vous les déconseiller. Avant de signer un engagement avec un particulier, prenez cependant le soin de bien analyser le marché local.

Les promoteurs

Les programmes neufs se commercialisent par voie publicitaire, par des équipes de vendeurs, et par des « bulles de ventes » situées sur le lieu du programme. Avant de conclure, si le promoteur ne figure pas parmi les grands intervenants, prenez des renseignements et rendez vous, si vous le pouvez, sur le lieu de construction, pour juger vous-même de l'orientation, du niveau de bruit, de l'environnement... Les ventes se réalisant souvent sur plan, tenez compte du délai de livraison. Prenez une marge d'au moins trois mois pour bâtir votre prévisionnel fiscal et de trésorerie : les programmes peuvent être livrés avec retard, en général pour cause d'intempéries.

Les enchères

La plupart du temps en raison de dettes non apurées, un bien peut être mis aux enchères.
Attention à la mise à prix : elle correspond à ce que demande le créancier.
En réalité, le bien, suite aux enchères portées par les candidats acquéreurs par l'intermédiaire d'un avocat, sera généralement vendu au prix du marché.
Il faut consacrer beaucoup de temps pour réaliser une bonne affaire sur ce marché où l'on rencontre beaucoup de professionnels. Prévoyez des frais élevés (consultez le cahier des charges qui les détaille : publicité, frais de saisie), en plus des droits de mutation.
Et soyez sûr de votre affaire : après le coup de marteau ou l'extinction de la dernière bougie, vous ne pouvez plus vous rétracter.
Il existe également des ventes aux enchères organisées par les Chambres des notaires. Elles sont publiques et ne nécessitent pas le recours à un conseil extérieur. Chacun porte lui-même et sans frais ses enchères après dépôt d'un chèque de consignation qui lui sera restitué s'il n'est pas l'adjudicataire final du lot.

Et les architectes ?

Leur rôle est de concevoir la maison, de déterminer son coût et les délais nécessaires pour sa réalisation.
Ils établissent les plans qui sont joints au permis de construire.

Les notaires

Votre notaire peut se révéler précieux. Lors d'une succession, il peut être mandaté par les héritiers pour trouver un acquéreur. Il est rémunéré pour cette activité de négociation. Il sera, en outre, de bon conseil sur les aspects patrimoniaux de votre acquisition.

Les banques

Certaines banques ayant passé des accords avec des promoteurs pourront vous proposer des biens dans des programmes immobiliers. Votre banquier étant désireux de vous conserver comme client, son image et son professionnalisme étant en cause, il y a fort à parier que ses propositions seront sérieuses.

Acheteurs, si vous saviez...

Les non-dits de la copropriété

Si vous saviez ! Ces trois mots devraient guider la réflexion de tous ceux qui veulent se porter acquéreurs d'un appartement ou d'une maison de ville. Le « coup de foudre », en la matière, est à bannir car chacun sait que, contrairement au crédit, il dure rarement dix ou quinze ans ! La méfiance, moins poétique, s'avère plus utile car elle évite bien des déconvenues.

L'exercice du droit de préemption

La commune peut acheter en priorité un bien immobilier mis en vente, à condition de justifier qu'elle agit pour réaliser une opération d'intérêt général. Elle dispose d'un délai de deux mois pour faire connaître sa décision, à compter du dépôt de la déclaration d'intention d'aliéner (DIA).

Des promesses irréalisables...

Méfiance car le vendeur, parfois, peut de bonne foi faire des promesses qui ne seront pas tenues.

Par exemple, ce charmant studio, niché au dernier étage, calme, bien exposé, dans un bon quartier qu'une agence pourrait décrire comme « la province à Paris » et pour lequel craque le visiteur. Une belle affaire, d'autant qu'il doit y avoir un ascenseur et que les combles peuvent être récupérés et transformés ainsi en une grande pièce en duplex.

Seulement voilà, il aurait suffi de consulter le syndic de l'immeuble pour apprendre que certains copropriétaires s'opposent à la mise en place de l'ascenseur et que les combles, en tant que parties communes, ne peuvent être récupérés et utilisés comme s'il s'agissait d'une partie privative.

Le syndic

Élu par l'assemblée des copropriétaires, il fait respecter le règlement de copropriété, convoque les assemblées générales et accomplit les actes de gestion et d'administration de l'immeuble.

Un révélateur fiable : les assemblées de copropriété

Avant d'acheter un appartement, il faut vérifier la situation de la copropriété mais, en pratique, peu le font. Comment fonctionne-t-elle ?

Si le vendeur est réticent à montrer à son acheteur potentiel le contenu des assemblées des trois dernières années, il est préférable d'être prudent. On peut, dans ces procès-verbaux, trouver des indications utiles : des travaux importants différés car les dépenses sont trop lourdes, selon les copropriétaires.

Si l'acheteur jette son dévolu sur une maison de ville, en particulier dans ces jolis hameaux de la Butte-aux-Cailles, de Belleville ou du XVIe arrondissement, il aura tout intérêt à prendre connaissance des servitudes et des cahiers des charges. Ainsi, il peut être interdit de construire, de surélever ou d'aménager.

Des visites répétées indispensables

Ces quelques conseils ne doivent pas non plus occulter l'essentiel : avant d'acheter, il faut multiplier les visites pour savoir si l'on acquiert à bon prix et s'informer des projets d'urbanisation (démolitions et constructions) auprès de la mairie.

Les assemblées générales de copropriété

Elles sont convoquées à l'initiative du syndic au moins une fois par an, dans les six mois de la fin de l'exercice comptable. Les décisions sont prises à des règles de majorité différentes ou à l'unanimité selon l'objet de la décision. L'initiative de la convocation appartient aussi au conseil syndical ou bien à un ou plusieurs copropriétaires représentant un quart des voix.

Ainsi, l'acheteur se fera une idée, somme toute proche de la réalité, en consacrant du temps à cette démarche. Une nécessité pour un investissement qui peut se révéler le meilleur ou le pire.

À qui appartient le mur ?

Pierre d'achoppement, classique, il faut savoir si le mur est mitoyen. Le prendre comme support alors qu'il est la propriété du voisin peut conduire ce dernier, s'il est un adepte des procédures, à demander en justice la démolition de la construction (garage, remise, etc.).
À défaut d'entente, la décision reviendra au juge du tribunal d'instance.

Vendeurs, si vous saviez...

Lorsque l'acheteur est défaillant

La méfiance est aussi le maître mot qui doit guider le vendeur. Par exemple, s'il décide, pour faire l'économie de la commission d'agence, de procéder par lui-même à la vente, il doit veiller à rédiger l'annonce honnêtement.
D'autant que la loi SRU (Solidarité et renouvellement urbain) accorde à l'acheteur un délai de rétrataction. L'usage est de demander à l'acquéreur le versement d'un dépôt de garantie en contrepartie de l'engagement que prend le propriétaire de vendre.

La loi SRU

Elle renforce la réglementation de la copropriété. Par exemple, à chaque immeuble collectif de plus de 15 ans est attaché un carnet d'entretien (avec historique) de l'immeuble.

Le contentieux fiscal de l'achat et de la vente

L'administration est en droit de redresser la valeur d'un bien qui serait vendu en dessous du prix du marché. Pour cela, elle s'appuiera sur des prix de marchés comparables. Si l'acheteur a fait une bonne affaire, c'est tant mieux pour lui. Le fisc prendra au passage son dû. Une telle démarche évite à l'administration fiscale d'avoir à apporter la preuve du versement d'un dessous-de-table, toujours difficile en la matière. De tels redressements sont courants. Mieux vaut ne pas jouer avec le feu.

Le dépôt, une sécurité à ne pas négliger

L'acquéreur devra verser un dépôt de garantie (en général 10 % du prix de vente) lors de la promesse sous seing privé, si elle est reçue par un agent immobilier ou un notaire. La somme lui sera restituée s'il exerce son droit de rétractation. Si un acte authentique est établi, cette somme ne sera due qu'à l'expiration du délai de sept jours de réflexion.

Dernières précautions

Il est judicieux d'effectuer une dernière visite contradictoire (en présence de l'acheteur et du vendeur) quelques heures avant la signature définitive chez le notaire. Surtout si la vente comprend des éléments mobiliers (cuisine équipée, meubles divers), pour être certain que ce qui a été promis est bien là.

Un mandat, pour quoi faire ?

Il est possible de confier à un agent immobilier ou à un notaire le soin de vendre (mandat de vente) ou d'acheter (mandat de recherche) un bien immobilier. Ce contrat doit être écrit et consigné dans les registres de l'agent immobilier pendant dix ans. Il est exclusif s'il précise que l'agent immobilier est le seul à pouvoir présenter un acquéreur. Dans ce cas, le vendeur doit passer par lui pour la vente, y compris si c'est lui qui trouve l'acheteur (sauf mention explicite contraire dans le contrat).

Un mandat doit être limité dans le temps, pour éviter le risque d'annulation de celui-ci. S'il est exclusif, il peut être dénoncé à tout moment après trois mois, par lettre recommandée avec demande d'avis de réception. Il faut privilégier le mandat simple qui permet de recourir à plusieurs agents et à chercher soi-même un acquéreur.

Le cas des biens mobiliers

Attention ! Les ventes de meubles font diminuer les droits d'enregistrement. Mais, en la matière, il faut être raisonnable, car le fisc pourrait, en cas d'excès, redresser l'opération. En particulier, la valeur des biens doit être actualisée et non refléter les factures d'origine car, au fil des ans, leur valeur diminue considérablement.

Ne donnez pas les clés trop tôt

Une pratique dangereuse et pourtant courante consiste à remettre les clés à l'acquéreur préalablement à la vente définitive chez le notaire. L'acheteur peut alors se comporter en véritable propriétaire et si, ultérieurement, la vente échoue, il sera difficile d'obtenir réparation devant les tribunaux.

Le dépôt de garantie

Le bailleur peut prélever sur ce dépôt de garantie les frais de remise en état à la charge du locataire, ainsi que les loyers impayés. Il doit restituer au locataire le dépôt de garantie ou son reliquat dans un délai de deux mois après remise des clefs. Après ce laps de temps, le propriétaire est tenu de verser au locataire un intérêt au taux légal en vigueur.

chapitre 3

Les formalités de l'achat

Promesse ou compromis de vente ?

L'avant-contrat vous engage vraiment

La promesse unilatérale de vente et le compromis de vente sont deux catégories « d'avant-contrats » qui pourront être signés. Mais attention, ils n'emportent pas les mêmes effets juridiques.

Dix jours pour enregistrer

Les promesses unilatérales de vente sous seing privés doivent être enregistrées auprès de la recette des impôts du domicile de l'acheteur ou du vendeur, dans un délai de dix jours. En l'absence d'une telle formalité, elles seront nulles. Coût de l'opération : un droit fixe de 75 € plus un droit de timbre (montant variable selon le nombre de pages).

La promesse, un engagement unilatéral

Le vendeur s'engage à vendre son bien immobilier au futur acquéreur à un prix défini et pendant un temps limité. Il prend donc, juridiquement, un véritable engagement. De son côté, l'acheteur dispose du droit de se rétracter pendant le délai d'option (délai d'acceptation de l'acquéreur) mais, en contrepartie, devra abandonner au profit du vendeur l'indemnité d'immobilisation (en pratique les 10 % de la valeur du bien, préalablement consignés), à titre de dédommagement. En revanche, si l'acheteur décide d'acquérir le bien, la somme viendra en déduction du prix convenu. Le bien destiné à la vente doit être décrit de façon précise dans la promesse. En principe, la superficie sera indiquée s'il s'agit d'un lot de copropriété (ce qui exclut les maisons individuelles). En l'absence d'une telle mention, l'acquéreur serait en droit de demander, dans un délai maximum d'un mois, à compter de la signature de l'acte de vente , la nullité de la promesse et de la vente, et cela devant le TGI. Toutefois, la mention de la superficie dans l'acte définitif lui fait perdre le droit d'intenter cette action.

Cause de désengagement : l'obtention du crédit

La promesse de vente est assortie d'une condition suspensive d'obtention du crédit. Si le financement est refusé, la promesse sera caduque de plein droit et le dépôt de garantie restitué. D'après les tribunaux, l'acquéreur (sauf mention contraire dans l'avant-contrat) n'est pas tenu de solliciter plusieurs établissements bancaires. Un seul refus dans ce cas est suffisant pour le désengager.

Le compromis de vente : avantages et inconvénients

Un engagement bilatéral

Les juristes parlent de promesse synallagmatique de vente : l'engagement de l'un trouve sa cause dans l'engagement de l'autre. Autrement dit, acheteur et vendeur sont définitivement engagés dès la signature du compromis.

Toutefois, dans la pratique, une clause insérée dans le contrat prévoit que la vente produira son plein effet au jour de la signature de l'acte authentique chez le notaire. Le versement d'un dépôt de garantie est prévu, généralement de 10 %. Mais comme dans la promesse unilatérale, il peut être inférieur à ce pourcentage.

Attention !

La loi Carrez autorise une inexactitude d'un maximum de 5 % de la surface d'un appartement dans l'acte de vente. Au-delà de cette limite, un acquéreur est fondé, s'il constate une erreur après la signature de l'acte, à réclamer une modification du prix de la vente, en fonction des mètres carrés manquants.

Le contenu de l'avant-contrat

Promesse ou compromis de vente, le contrat devra comprendre :

- L'identité du vendeur et de l'acheteur.
- La situation du logement (adresse).
- Une description précise du bien (équipements et dépendances).
- Le prix convenu et les conditions du versement.
- La date limite de la signature devant le notaire.
- La date de l'entrée en possession du logement.
- Sa situation au regard des garanties et des servitudes.
- Les travaux en cours et à venir.
- La présence, notamment, d'amiante…
- Le montant de la commission de l'intermédiaire.

La teneur du compromis

Deux clauses peuvent figurer fréquemment dans les compromis.

- Tout d'abord, la clause dite de dédit.

Si l'acheteur renonce à l'acquisition, il devra abandonner la somme consignée. Mais si c'est le vendeur qui décide de ne pas honorer son engagement, il devra verser le double des arrhes à l'acheteur.
À noter : le juge n'a pas le pouvoir de diminuer le montant de cette somme.

- Ensuite, la clause dite pénale.

En pratique, elle est insérée dans tous les compromis de vente.
En cas de dédit par l'acheteur, le vendeur conservera la somme déposée, à titre de dommages et intérêts forfaitaires. Le juge dispose toutefois, dans ce cas précis, de la possibilité de réduire ce montant.

Ces deux clauses se ressemblent. En pratique, une seule figure dans le compromis.

Gare à la superficie

Dans les logements en copropriété, à l'occasion d'un achat ou d'une vente, toute surface supérieure à 8 m^2 doit être mentionnée dans l'avant-contrat.
La surface à indiquer ne prend pas en compte les planchers des parties des locaux d'une hauteur de plafond inférieure à 1,80 m^2, ni des terrasses, balcons, caves, greniers et garages. Le vendeur est garant de la superficie.

Délai de rétractation

Sept jours : c'est le délai dont dispose l'acquéreur après la notification de l'avant-contrat sous seing privé pour éventuellement se rétracter.

Avantages et inconvénients de la promesse unilatérale et du compromis de vente

- Avec un compromis, la renonciation pour un motif non prévu à l'avant-contrat peut se traduire par des poursuites pour obtenir la vente judiciaire du bien. Le signataire défaillant pourrait en outre se voir demander des dommages et intérêts.
- Avec la promesse, le vendeur peut reprendre immédiatement sa liberté et traiter avec un nouvel acquéreur si, à la date convenue, le bénéficiaire de la promesse n'a pas levé l'option d'acquérir. En outre, si les conditions suspensives sont réalisées, il conservera l'indemnité versée.

L'acte notarié, pour sceller la vente

Un engagement solennel

L'achat d'un bien immobilier nécessite l'intervention d'un notaire qui procédera à la rédaction de l'acte authentique.

Les « frais de notaire » sont payés par le seul acheteur et représentent, outre la rémunération de l'officier public, la perception des droits de mutation au profit du Trésor public (droits d'enregistrement). En pratique, si le notaire est le rédacteur de l'avant-contrat, c'est lui qui rédigera l'acte de vente. Mais ce n'est pas obligatoire : le choix du notaire est libre.

Le bureau des hypothèques

Pour être opposable aux tiers (et notamment aux créanciers du vendeur), l'acte de vente doit être publié au bureau des hypothèques. Or cette publication relève du monopole des notaires. C'est pourquoi la vente immobilière est obligatoirement passée devant un notaire. Celui-ci, officier public nommé par le ministère de la Justice, est garant de la régularité de la vente. Il ne procédera à la signature que s'il est en possession de tous les documents nécessaires à l'information de l'acquéreur.

Les documents à produire

Il faudra attendre en général trois ou quatre mois pour que l'officier ministériel obtienne les différentes informations dont il a besoin pour que la vente soit parfaite. Le notaire réunira un certain nombre de documents parmi lesquels :

- Les extraits d'acte de naissance du vendeur et de l'acheteur.
- Les copies des contrats de mariage ou certificats de PACS.
- Les titres de propriété.
- Les plans et les références cadastrales du bien.
- Les certificats d'urbanisme et la situation hypothécaire du bien.
- Les documents relatifs à la copropriété : règlement, cahier des charges, état daté (mentionnant les sommes dues par le vendeur, ou au vendeur ou par l'acquéreur), statut de l'association syndicale, engagement des travaux prévus, etc.
- Les purges de tout droit de préemption.
- L'état d'accessibilité au plomb.
- La mesure loi Carrez (pour les appartements seulement). Et pour les maisons, la surface du terrain.
- Le dossier de prêt de l'acquéreur.
- Le dernier avis d'imposition de la taxe foncière.

L'un et l'autre

L'intermédiaire ou le vendeur impose souvent un notaire. Il faut savoir que l'acheteur peut faire intervenir le sien. Les deux officiers publics se partageront les émoluments.

Des informations disponibles auprès de votre notaire

Il n'est pas inutile de demander au notaire de bien vouloir soumettre, quelques jours avant la signature, le projet de l'acte de vente pour en prendre connaissance à tête reposée et, si besoin est, de lui demander des éclaircissements. Il ne faut pas oublier que le notaire est tenu à une véritable obligation de renseignement tant du côté du vendeur que de celui de l'acheteur.

La signature de l'acte

Au jour convenu, l'acte est signé en présence des parties. Si le vendeur, sans motif valable, ne se présente pas chez le notaire, l'acheteur doit alors sommer le vendeur de régulariser la vente dans un délai raisonnable (en pratique une dizaine de jours).

Si le vendeur ne se manifeste pas, le notaire rédigera un procès-verbal de carence qui permettra à l'acheteur de saisir le tribunal de grande instance afin de contraindre le vendeur à exécuter sa promesse. Ce qui n'exclut pas que l'acheteur demande en sus des dommages et intérêts. Une fois l'acte authentique signé, la vente est réputée « parfaite ».

Qui rédige quoi ?

C'est, en général, au notaire de l'acquéreur de recevoir l'acte de vente. Celui du vendeur, s'il est différent, réunit toutes les pièces et les envoie à son confrère pour pemettre à celui-ci de rédiger l'acte de vente.

chapitre 4

Le financement de l'acquisition

Le financement de l'acquisition

Estimez d'abord son coût global

Votre décision d'investir dans un logement est prise. C'est un acte patrimonial important qui implique, le plus souvent, d'avoir recours au crédit. Mettez donc toutes les chances de votre côté !

Vous allez mettre en jeu des sommes très importantes. Aussi, vous ne devez pas faire vos comptes à la légère ! De quel apport personnel disposez-vous ? Dans quelles limites pouvez-vous vous endetter ? Pour un achat de quel montant ? Telles sont les questions que vous devez vous poser pour établir votre plan de financement.

Pensez aux impôts locaux

En tant que propriétaire, vos impôts locaux vont s'alourdir de la taxe foncière.
La taxe d'habitation sera à la charge du locataire.
En cas de construction, l'acquittement d'une taxe locale d'équipement, variable selon les communes, est parfois due. N'hésitez pas à consulter le service des impôts de la commune pour avoir une estimation du montant réel de ces nouvelles charges afin de les intégrer dans votre plan de financement.

Estimez le coût global de votre acquisition

Un plan de financement ne supporte pas l'à-peu-près. Un problème mineur mal appréhendé au départ risquerait de vous entraîner dans des difficultés de remboursement.

Au moment de déterminer le montant de votre crédit et sa durée, songez aux nombreuses dépenses annexes.

Attention aux frais d'installation

Ne sous-estimez aucune des dépenses liées à votre investissement. Elles peuvent peser lourdement sur votre budget et vous mettre en difficulté très rapidement.

Vous aurez peut-être à supporter simultanément les premières mensualités de votre crédit et des frais de remise en état du bien : peinture, papier peint, etc. Si vous achetez une maison individuelle par exemple, vous devez prévoir les sommes à débourser pour le raccordement aux différents réseaux (EDF-GDF, téléphone, etc.).

Les charges à venir

En immeuble collectif, n'oubliez pas que vous aurez à payer des charges de copropriété. Renseignez-vous auprès du syndic pour en connaître le coût. Profitez-en pour vérifier si d'éventuels travaux sont prévus.

Frais d'intervention des professionnels

Vous aurez peut-être recours à un architecte pour l'aménagement de votre maison. Ses honoraires sont libres et dépendent de la mission que vous lui confierez.

Si vous achetez un logement ancien, vous aurez affaire, le plus souvent, à un agent immobilier. Sa

Quel endettement ?

L'établissement financier exige que l'endettement global de l'acquéreur ne dépasse pas 25 à 30 % de ses ressources.

Selon les établissements bancaires, les loyers à venir font partie des ressources dont ils peuvent tenir compte.

Conseil

Mieux vaut toujours faire appel à un professionnel, assuré au titre de sa responsabilité civile professionnelle, que de faire soi-même (y compris pour le mesurage) : le vendeur évite ainsi bien des déboires.

commission est libre et mieux vaut connaître au préalable le montant de sa prestation.
Un expert immobilier peut également s'avérer utile pour connaître l'état général du logement, l'origine de la propriété, les contraintes d'urbanisme, etc.

À quel expert faut-il faire appel ?

Différentes réglementations imposent que soient effectués, préalablement à tout avant-contrat ou contrat de vente, divers diagnostics : amiante, recherche de plomb dans les peintures, termites, mesurage « Carrez » si le bien est en copropriété, etc. D'autres recherches sont désormais obligatoires : information sur la performance énergétique du logement, état de l'alimentation en gaz ou en électricité… Ces diagnostics doivent être effectués par des professionnels dont on aura vérifié qu'ils ont reçu la formation adéquate et qu'ils sont bien assurés pour leur responsabilité, pour chacune des interventions qu'ils proposent. Ils doivent fournir des attestations justificatives.

Les « frais de notaire », surtout destinés à l'État

Une appellation impropre

Au moment de signer l'acte de vente, vous devrez verser ce que l'on appelle improprement les « frais de notaire », composés de taxes dues au Trésor public, d'émoluments notariés *(voir encadré ci-contre)*. La taxation ne sera pas la même : elle dépend du caractère neuf ou ancien du logement.

- Si vous faites le choix du neuf, c'est-à-dire si vous achetez en vefa (vente en état futur d'achèvement ou sur plan) ou un logement achevé depuis moins de 5 ans et dont c'est la première mutation, le vendeur est redevable de la TVA au taux de 19,60 %. L'acquisition d'un terrain par une personne physique afin d'y construire un logement à usage d'habitation n'est plus soumise à la TVA depuis avril 2000, mais à un droit de mutation de 4,89 %. Si vous achetez un logement en vefa, vous devrez, en principe, régler de surcroît la taxe de publicité foncière au taux de 0,615 % du prix de vente hors taxes.
- Un logement ancien est soumis aux droits de mutation qui comprennent différentes taxes (départementale de publicité foncière, communale, régionale, etc.). Leur montant s'élève à 4,89 %, auxquels s'ajoutent les émoluments du notaire et les frais de timbres.

Les émoluments du notaire (H.T.)

- De 0 à 3 050 € : 5 %.
- De 3 050 à 6 100 € : 3,30 %.
- De 6 100 à 16 770 € : 1,65 %.
- Au-delà de 16 770 € : 0,825 %.

Outre ces honoraires, le notaire perçoit des émoluments fixes pour les formalités accomplies.

Le notaire assure la sécurité juridique de votre acquisition et accomplit de multiples démarches auprès des services administratifs et fiscaux. À ce titre, il perçoit des émoluments fixés selon un barème précis applicable sur le prix d'achat du logement.
À ces sommes, vous devez encore ajouter le salaire du conservateur des hypothèques, dont le coût s'élève à 0,10 % du prix de vente, et les débours. De plus, si vous empruntez pour financer votre acquisition, n'oubliez pas les frais d'hypothèque *(voir page 70)*.

Les frais liés à l'emprunt

Des dispositifs intéressants

Si vous avez recours au crédit, renseignez-vous sur les frais d'ouverture de dossier. Ils sont variables d'un établissement à l'autre et représentent généralement 1 % du capital emprunté. De plus, pour une banque, prêter de l'argent pour l'acquisition d'un logement présente toujours un risque d'autant plus élevé que les sommes empruntées sont importantes. Il est donc normal et logique qu'elle prenne une garantie sur le prêt. Cette garantie peut revêtir différentes formes.

À noter

En cas d'achat d'un logement en cours d'achèvement ou en travaux, la banque doit se garantir par une hypothèque conventionnelle ou par le cautionnement d'une société spécialisée.

La garantie de prêt

Le privilège de prêteur de deniers

En tant que prêteur de deniers, une banque dispose d'un privilège spécial sur le logement. Ainsi, en cas d'impayés des mensualités, elle pourra, en priorité sur tous les autres créanciers, se faire rembourser en faisant vendre le logement. Cette garantie ne nécessite pas votre consentement, mais doit être constatée par acte notarié et inscrite à la conservation des hypothèques. Elle implique donc des frais (émoluments du notaire, droits d'enregistrement, salaire du conservateur des hypothèques, etc.), mais son coût est moins élevé que l'hypothèque. Le privilège de prêteur de deniers ne garantit que les sommes empruntées pour financer l'acquisition d'un bien existant. Il ne couvre donc pas l'achat d'un logement en l'état futur d'achèvement, la construction d'une maison ou les travaux.

Coût

Le privilège de prêteur de deniers revient moins cher que l'hypothèque conventionnelle car il n'est pas assujetti à la taxe de publicité foncière.
Le coût diffère selon la somme empruntée. Si celle-ci est importante, le coût du PPD s'élève à 1 % environ de la somme empruntée. Les frais d'hypothèque conventionnelle représentent près de 2 % du montant de l'acquisition.

L'hypothèque conventionnelle

À l'inverse du privilège de prêteur de deniers, l'hypothèque conventionnelle exige votre consentement exprès. Cette garantie s'effectue par acte notarié et doit être inscrite à la conservation des hypothèques. L'hypothèque répond au même objectif que le privilège de prêteur de deniers. En cas de non-paiement de vos mensualités, la banque pourra demander la mise en vente de votre logement et récupérer ainsi sa créance.

L'hypothèque comme l'inscription du privilège subsiste deux ans au maximum après la dernière échéance du prêt, ce qui signifie que, si vous souhaitez par exemple rembourser votre prêt par anticipation, vous devrez régler des frais de mainlevée.

Privilège et hypothèque : quel coût ?

Privilège et hypothèque entraînent des frais perçus par le notaire au moment de la signature de l'acte de vente. Tout d'abord, le notaire perçoit des émoluments, dégressifs en fonction de la somme empruntée. Ils varient également selon qu'il s'agit d'un prêt du secteur libre ou de prêts réglementés. Aux émoluments du notaire s'ajoutent le salaire du conservateur des hypothèques, fixé à 0,05 % de la somme empruntée, ainsi que divers frais : droit d'enregistrement forfaitaire de 75 €, frais de timbres, etc. De plus, en cas d'hypothèque conventionnelle, il est perçu une taxe de publicité foncière au taux de 0,615 % du capital emprunté. Si vous souhaitez connaître précisément le montant de ces frais, mieux vaut s'adresser au notaire chargé de la transaction.

La caution d'une société spécialisée

Votre prêt peut aussi être garanti par une société de cautionnement bancaire ou mutuel. Ces organismes spécialisés fonctionnent sur le principe de la mutualisation des risques. Ainsi, grâce à un fonds de garantie auquel cotisent tous les emprunteurs, ces

Le cas du crédit logement

Né en 1975, Crédit Logement est l'une des plus importantes sociétés de cautionnement et compte parmi ses actionnaires de nombreux établissements financiers.
Les dossiers sont présentés par la banque qui met en place le prêt et Crédit Logement donne sa réponse sous 48 heures. Avec cet organisme, il n'existe aucune limitation de durée ou de montant du prêt. Le coût de la garantie est fonction de la somme empruntée.
Il se décompose en deux parties : une commission de caution versée une fois pour toutes à la mise en place du prêt, et une participation au fonds mutuel de garantie.
La commission de caution représente 0,5 % de la somme empruntée s'il s'agit d'un prêt épargne-logement. Pour les prêts du secteur libre et les prêts conventionnés, la tarification est dégressive en fonction du montant du prêt.
Elle s'élève par exemple à 1 300 € pour 60 000 € empruntés, à 381 € pour 76 224 € ou à 457 € pour 152 500 €. En tout état de cause, elle ne peut être inférieure à 76 € ou supérieure à 457 €. La participation au fonds mutuel de garantie dépend, elle aussi, du type de prêt garanti.
Ainsi, elle représente 1,50 % de la somme empruntée pour les prêts issus de l'épargne-logement tandis que, pour les prêts du secteur libre et les prêts conventionnés, le tarif est, là encore, dégressif en fonction du montant emprunté. Toutefois, le versement effectué au titre du fonds mutuel de garantie est restituable en grande partie à la fin du prêt sur la base d'un taux calculé trimestriellement.

Caution

L'emprunteur verse une somme d'argent auprès d'un organisme de caution. Au terme de son emprunt, il récupérera cette somme diminuée d'une commission comprise entre 0,5 % et 0,8 % du montant emprunté.

organismes sont en mesure de faire face à une éventuelle défaillance en se substituant à vous et en réglant vos échéances impayées. À charge pour eux, ensuite, de récupérer leurs fonds (en règle générale, en prenant une hypothèque sur votre bien). Cette formule offre certains avantages :

- Tout d'abord, si vous avez des difficultés temporaires, la société de caution vous accordera le plus souvent un allongement de vos délais de paiement. Et si votre état d'insolvabilité persiste, vous pourrez alors vendre votre logement par vos propres moyens et rembourser dans de bien meilleures conditions que s'il avait été saisi.
- De plus, si le cautionnement entraîne, lui aussi, des frais dont le montant comprend une participation à un fonds mutuel de garantie et une commission de caution, sachez que, dans la plupart des cas, le fonds mutuel de garantie vous sera en partie remboursé., en fin de prêt, si la société de caution n'a pas eu à faire face à trop de sinistres.

Établissez votre plan de financement

Apport personnel, PEL, etc.

Une fois évalué le coût global de votre acquisition, vous devez définir le budget dont vous disposez. Pour cela, évaluez exactement vos ressources actuelles sans les surestimer. Faites le total de vos revenus : salaires, pensions, rentes, etc. Déduisez de la somme obtenue vos charges actuelles, notamment de remboursement de crédits divers (voiture, électroménager, etc.). Ensuite, évaluez les mensualités que vous seriez en mesure de payer sans trop grever votre budget. Essayez aussi de vous projeter dans l'avenir. Comment vont évoluer vos ressources dans les dix ou quinze ans à venir ? Et vos charges ? Des modifications interviendront sans doute dont vous devez raisonnablement tenir compte.

À retenir

Le taux d'effort désigne la capacité d'endettement que vous pouvez supporter. Le taux généralement admis par les établissements de crédit se situe aux alentours de 30 % des revenus mensuels.

Le coût d'un crédit selon son taux

Le coût du crédit augmente nettement en fonction de son taux. Exemple pour un crédit de 120 000 € sur 15 ans.

Taux 15 ans	Mensualités	Total des intérêts
3,5 %	858 €	34 415 €
4,00 %	902 €	40 422 €
4,50 %	933 €	45 977 €
5,00 %	964 €	51 641 €
5,50 %	996 €	57412 €
6,00 %	1029 €	63 289 €

Attention : les prestations que vous percevez éventuellement pour l'éducation de vos enfants ou pour votre habitation ne devraient en principe pas être intégrées à vos revenus car elles ne sont pas attribuées définitivement. Après avoir étudié sérieusement vos ressources et les dépenses liées à votre projet se pose le problème du financement. Peut-être disposez-vous d'un plan épargne-logement, d'une somme d'argent provenant d'un héritage. En règle générale, même si vous pouvez emprunter jusqu'à 90 % du prix de l'acquisition, il est plutôt conseillé d'apporter 20 à 30 % du coût total, ce qui vous permettra d'obtenir un prêt à des conditions plus intéressantes.

La panoplie des prêts bancaires

Choisissez selon votre profil

L'apport personnel ne suffit souvent pas, en raison de son faible montant, à boucler un plan de financement, d'où la nécessité d'avoir recours à des prêts bancaires. Il existe toutes sortes de formules dont certaines sont communes à la plupart des établissements de crédit. En fait, ce qui les caractérise est leur grande souplesse d'utilisation et leurs possibilités d'adaptation à vos besoins spécifiques. Ces formules sont à taux fixe ou révisable, à échéances constantes ou modulables, etc.

Les prêts à taux fixe : sans surprise

Ces prêts proposent, dès le départ, un taux d'intérêt qui ne variera plus au cours du crédit. Il n'évoluera ni à la hausse, ni à la baisse. Cette formule un peu rigide ne vous permet pas de bénéficier des éventuelles baisses de taux qui peuvent se produire tout au long de votre crédit. De plus, les prêts à taux fixe sont proposés à des taux nettement supérieurs à ceux des prêts à taux révisable.

Les prêts à taux révisable

Les avantages

Les taux proposés sont nettement inférieurs à ceux des prêts à taux fixe. De plus, les formules sont aujourd'hui bien rodées et elles limitent de façon significative les risques de forte hausse que vous pourriez légitimement craindre. Les prêts à taux révisable prévoient une

Mode de révision

Les prêts à taux révisable sont indexés sur l'Euribor (taux interbancaire offert à Paris). Avant de signer votre contrat de prêt, vous devez connaître la date de première révision du taux du crédit. Cette date varie le plus souvent entre trois mois et un an. Dès cette première révision, les évolutions de l'Euribor seront répercutées sur votre crédit.

Taux nominal et taux effectif global

- Le taux nominal est celui qui vous sera tout d'abord annoncé. Il ne tient pas compte des frais annexes de l'emprunt (frais de dossier, d'assurance, etc.).
- Le taux effectif global (TEG) vous permet en revanche de connaître le véritable coût de votre crédit et d'établir une comparaison. Il est calculé sur la base des intérêts du capital emprunté auxquels s'ajoutent les frais de dossier, d'assurance, etc. C'est ce taux que vous devez prendre en compte pour comparer les différentes offres de crédit.

révision des taux, en général tous les ans, à la date anniversaire du crédit. La variation est alors fonction des fluctuations de l'indice de référence. N'hésitez pas à demander des simulations financières à votre banquier ou à un organisme d'information comme l'ADIL (Agence départementale d'information sur le logement). Elles vous permettront de vous faire une idée de ce qui se passerait en cas de hausse de taux, de reprise de l'inflation, etc.

L'ANIL

Agence nationale d'information sur le logement
www.anil.org
Tél.: 01 42 02 65 95

Les sécurités des prêts à taux révisable

Les formules à taux révisable sont le plus souvent assorties de verrous de sécurité. Il faut distinguer les révisables classiques des révisables plafonnés.

- Avec un prêt à taux révisable classique, le taux de votre crédit peut osciller à la hausse comme à la baisse.
- Avec un prêt à taux révisable plafonné, vous connaissez dès le départ le taux maximum qui pourrait être appliqué à votre crédit en cas de forte hausse du taux de référence, mais le taux du crédit est généralement un peu plus élevé qu'un révisable classique. Les baisses de taux sont intégralement répercutées selon le même principe que les prêts à taux révisable classiques.

Quelle que soit l'option choisie, vous avez la possibilité de rembourser votre prêt par anticipation ou de le transformer en prêt à taux fixe.

Ce passage est parfois autorisé sans frais, ni pénalités. Mais à quel moment pouvez-vous le demander ? À quel taux ? Cette transformation peut en effet être autorisée à tout moment ou à la date anniversaire du prêt. Le taux qui vous sera alors consenti peut correspondre au meilleur taux offert par la banque au moment de la transformation ou à un taux calculé à partir d'un indice défini dès la signature du prêt.

Les prêts spécifiques

Parmi les nombreuses formules proposées par l'ensemble des banques, certaines ont été spécialement étudiées pour faire face à des situations particulières. C'est notamment le cas des prêts-relais et des prêts complémentaires au prêt épargne-logement.

Des difficultés à revendre ?

Si vous n'arrivez pas à revendre un ancien logement avant l'échéance du prêt-relais, il vous sera possible d'obtenir une prolongation du prêt mais pas forcément aux mêmes conditions. Le mieux consiste à le transformer en prêt à long terme en négociant avec le banquier les modalités de remboursement par anticipation.

Mode de remboursement des prêts-relais

Avec un prêt-relais, vous pouvez rembourser le prêt de différentes façons.

- La première consiste à rembourser le capital et les intérêts après avoir vendu un ancien logement. C'est ce que l'on appelle un différé total de remboursement. Cette solution risque de vous coûter cher car le montant des intérêts porte, pendant toute la durée du prêt, sur la totalité du capital et sur les intérêts cumulés.
- La seconde solution est moins onéreuse. Vous rembourserez les intérêts et les frais d'assurances dès la mise en place du prêt, le remboursement du capital s'effectuant bien entendu à la réalisation de la vente. Il s'agit d'un différé partiel.

La course aux taux

L'avènement de l'Internet a suscité il y a quelques années la création de sites spécialisés dans les crédits immobiliers. En réalité, derrière ces sites, se cache toujours un établissement bancaire traditionnel. Ces sites ont néanmoins leur utilité dans la mesure où ils favorisent la concurrence et la recherche du taux le plus bas du marché.

Les prêt-relais

Vous souhaitez vendre un logement pour en acquérir un autre plus grand, plus rentable, etc. Si vous avez déjà trouvé un acquéreur pour le logement que vous souhaitez vendre, c'est l'idéal.

Mais ce n'est pas toujours possible. Alors comment faire coïncider vente et achat tout en disposant de l'argent nécessaire à votre nouvelle acquisition ? Si tel est votre cas, un crédit-relais constitue une réponse adaptée. Il est toujours consenti sur une courte période (en général, de six mois à deux ans). Il ne vous est jamais prêté la totalité de la somme correspondant au prix de votre logement à vendre. La banque vous accorde le plus souvent un crédit à hauteur de 70 à 80 % de cette valeur.

Si le prix du logement actuel, qui est vendu, vous permet ensuite de couvrir la totalité de votre nouvelle acquisition, un crédit-relais suffit. En revanche, si vous ne pouvez assurer en totalité le financement de votre nouvelle acquisition avec le produit de la vente de votre ancien logement, vous devrez recourir à un crédit-relais jumelé à un prêt à long terme.

Les prêts complémentaires au prêt épargne-logement

Si vous êtes titulaire d'un plan épargne-logement, c'est une formule que vous devez éventuellement exploiter. En règle générale, le montant de votre PEL ne peut couvrir la totalité de votre acquisition et il vous faut donc faire appel à un prêt complémentaire. Or le fonctionnement de l'épargne-logement est particulier : plus le prêt est important, plus sa durée de remboursement est courte, ce qui implique des mensualités importantes durant les premières années et diminue vos possibilités d'emprunt par ailleurs.

Un prêt complémentaire au prêt épargne-logement

tient compte de ce fonctionnement. L'emboîtement des deux crédits permet de réduire les échéances du prêt complémentaire pendant la durée de remboursement du PEL, ce qui vous permet d'emprunter le maximum au titre de l'épargne-logement et d'être assuré de mensualités constantes tout au long du crédit.

Les emprunts à caractère patrimonial ou fiscal

De nombreux dossiers de prêts immobiliers sont déposés alors que le ou les emprunteurs disposent largement des liquidités correspondant à leur investissement. C'est, par exemple, le cas d'emprunteurs étrangers disposant dans leur pays des liquidités nécessaires, mais qui ne souhaitent pas les transférer en France ; c'est aussi le cas de résidents français disposant d'avoirs dans des établissements étrangers qu'ils ne souhaitent pas rapatrier, mais qu'ils peuvent donner en garantie de leur emprunt. C'est également le cas pour des emprunteurs plus fortunés soucieux de limiter leur contribution à l'imposition sur la fortune. Un investissement immobilier financé sans emprunt (s'ils ont les liquidités correspondantes) ne modifie pas leur balance actif/passif ; par contre, un emprunt augmente le montant de leur passif et diminue l'assiette de l'ISF.

Crédit et fiscalité

Une subtile affaire de dosage

Précaution supplé-mentaire

Votre locataire doit contracter une assurance en cas d'incendie et de dégât des eaux. Cependant, il est vivement conseillé de souscrire une assurance en tant que propriétaire non-occupant pour les mêmes risques.

L'immense majorité des acquisitions immobilières se réalise à l'aide d'un crédit, et ce pour plusieurs raisons.

Le manque de cash

La plupart des investisseurs ne disposent pas de la totalité du montant nécessaire : le recours au crédit est indispensable.

La fiscalité des revenus fonciers

La fiscalité des revenus fonciers (les loyers) est de nature à décourager les candidats à l'investissement locatif. En effet, ils sont soumis à l'impôt sur le revenu : vous les additionnez à vos salaires, retraites, honoraires, et ils se voient donc imposés en fonction de votre tranche d'imposition (dont le taux le plus élevé est actuellement 40 %). Ce n'est pas tout : les revenus fonciers nets sont aussi soumis à la CSG-CRDS, soit 11 %. Heureusement, certaines charges sont déductibles des revenus fonciers : les charges de gestion locative, les travaux réalisés pour entretenir votre patrimoine, les intérêts des emprunts contractés lors de l'acquisition ou pour la réalisation de travaux, les taxes foncières, etc.

Les intérêts d'emprunt constituent donc l'essentiel des charges déductibles : même dans le cas où l'investisseur disposerait de la trésorerie pour acheter

Les règles d'or de l'investissement locatif

L'aspect fiscal est au cœur de la logique d'un investissement immobilier :

- Un investissement se réalise de préférence à crédit.
- Le remboursement du crédit est couvert partiellement ou totalement par les loyers.
- La fiscalité est plus faible pendant la phase de crédit.
- Au terme du crédit, la valeur du bien est nette : le coût réel pour l'investisseur est l'addition de son apport personnel, de la différence entre les mensualités du crédit et les loyers, ainsi que de la fiscalité. L'effet de levier du crédit permet, avec un apport relativement faible, de se constituer un patrimoine immobilier.
- Un investissement locatif s'apprécie toujours sur le long terme.

comptant, la fiscalité est telle que la mise en place d'un crédit est envisagée, pour déduire les intérêts. Nous ne traitons ici que de l'incidence du crédit sur une acquisition et nous reviendrons au chapitre 5 sur une meilleure optimisation fiscale.

Conseil

Si vous disposez d'un apport pour acheter en totalité un bien et que vous n'avez pas un besoin immédiat des loyers correspondants, investissez dans deux biens différents en contractant des crédits omplémentaires, et votre patrimoine progressera d'autant.

Cas pratique

Hypothèse sans crédit

Prenons l'exemple d'un investissement de 150 000 € dans un studio de 30 m² à Paris, qui sera loué 750 € par mois, soit un rendement de 6 % brut. Par commodité, on considère que les droits de mutation (un peu moins de 7 500 €) sont offerts par les parents de l'investisseur, dont la tranche marginale d'imposition est de 40 %. Sur quinze ans, sans prise en compte d'une éventuelle érosion monétaire et selon les hypothèses retenues (achat comptant ou à crédit), le budget sera très différent *(voir tableau page 65)*. Un loyer brut de 6 % versé par le locataire après impôts et charges ne rapporte donc que 2,33 %. Et encore, nous n'avons pas pris en compte, dans cet exemple, des travaux importants d'entretien, ni une éventuelle taxation de notre investisseur à l'impôt sur la fortune : le rendement eût été presque nul ! Nous omettons également dans cette présentation une éventuelle valorisation du bien qui, sans événements économiques particuliers et compte-tenu du niveau élevé des prix, pourrait suivre la courbe des prix à la consommation, soit environ 2 % par an actuellement.

Hypothèse d'un achat avec un crédit de 60 000 €
Considérons maintenant que notre investisseur emprunte 60 000 €. Cet emprunt amortissable sur quinze ans à taux fixe de 4,5 %, assurance-décès incluse, se rembourse en mensualités constantes. Pour une mise de 90 000 € à l'investissement et un effort de trésorerie mensuel de 104 €, notre épargnant se voit, après quinze ans, en possession d'un patrimoine. On supposera que les charges, les loyers ainsi que la valeur du bien auront accompagné l'inflation. Grâce au coup de pouce du crédit, on peut, avec un apport personnel plus faible, accéder à un bien immobilier à condition, d'avoir une capacité mensuelle d'épargne pour faire face à la différence entre les loyers perçus et les charges fiscales, de copropriété et de remboursement du crédit.

Comment réduire votre fiscalité ?

Si vous disposez de revenus fonciers, et si ceux-ci ne vous sont pas indispensables dans un avenir proche (par exemple parce que vous êtes encore en activité), vous avez tout intérêt à procéder à un nouvel investissement en empruntant : votre déficit s'imputera sur vos revenus fonciers et diminuera d'autant votre fiscalité sur le revenu.

Ne faudrait-il pas emprunter davantage ? Notre exemple montre que plus le crédit est élevé, plus l'effort mensuel pour soutenir l'investissement sera lourd. Attention : l'argument selon lequel les intérêts du prêt étant déductibles, il ne faut pas hésiter à emprunter, n'est pas tout à fait exact.

Certes, les intérêts sont déductibles des revenus fonciers, et ils font payer moins d'impôts dans la limite de la tranche marginale du contribuable ! Dans notre cas, la charge de remboursement est plus élevée pour un emprunt à hauteur de 150 000 €.

Dans ce dernier cas, la mise de départ puis l'addition de la trésorerie donne un total de 125 304 €. Le crédit se justifie ici si l'investisseur ne peut investir davantage dès le départ, et surtout s'il peut assumer un besoin mensuel de trésorerie de 690 €.

La solution la plus justifiée pour une rentabilité globale de l'opération est assez peu souvent, il est vrai, l'hypothèse d'un achat au comptant.

Mais la solution la plus pertinente reste sans aucun doute un achat à crédit pour moitié et l'utilisation de la trésorerie disponible pour acheter un second appartement. Ces situations n'étant pertinentes que parce que les taux d'intérêt sont historiquement bas.

Capacité d'épargne mensuelle

Traditionnellement, les établissements bancaires respectent une norme d'endettement mensuel maximale de l'ordre de 30 % des revenus disponibles. Cette norme est souvent largement dépassée en cas d'investissement locatif (les loyers couvrant en partie la nouvelle charge d'emprunt).

De même, en cas de revenus très élevés de l'emprunteur, la banque regardera le « reste à vivre par personne » du foyer concerné et pourra donc prêter jusqu'à un taux d'endettement pouvant dépasser 50 %.

Tableau comparatif d'un investissement de 150 000 euros comptant (loyer 6 %), crédit partiel ou crédit total. Bilan global sur 15 ans.

Investissement 150 000 € Loyer 750 €	Achat comptant	Crédit de 60 000 €	Crédit de 150 000 €
1. Loyers perçus	135 000	135 000	135 000
2. Charges de copropriété	10 800	10 800	10 800
3. Taxes foncières	3750	3750	3750
4. Gestion locative	13 500	13 500	13 500
5. Intérêts d'emprunts	0	22 620	56 550
6. Revenu imposable (1 - 2 - 3 - 4 - 5)	106 950	84 330	50 400
7. Impôts fonciers (6) x 0,40	42 780	33 732	20 160
8. CSG-CRDS (6) x 0,11	11 764	9 276	5 544
9. Échéances du crédit	0	82 620	206 550
10. Trésorerie de l'activité locative	52 406	- 18 678	- 125 304
11. Trésorerie nette mensuelle	291	- 104	- 696

L'avantage décisif du crédit *in fine*

Pour une fiscalité quasi nulle

Le principe d'un crédit amortissable est qu'il est conclu pour une durée limitée et que l'emprunteur rembourse une partie du capital dès la première échéance, de sorte que la dernière mensualité comporte la dernière partie du capital. Celui-ci se voit donc remboursé en totalité à cette échéance.

Les crédits amortissables à mensualités constantes ont tous la même structure de remboursement. La première année, les intérêts sont élevés parce qu'ils portent sur la totalité du capital. La deuxième année, ils sont un peu moins élevés parce qu'ils ne portent plus sur la totalité du capital, mais sur le « capital restant dû ». Et ainsi de suite. À la fin du crédit, les intérêts sont très faibles et la part de capital élevée. Dans l'exemple précédent d'un emprunt au taux de 4,5 %, assurance comprise, pour un montant de 60 000 € sur quinze ans, le schéma de remboursement était le suivant :

Définition

Le « capital restant dû » : il s'agit du capital de départ diminué de la fraction du capital remboursé.

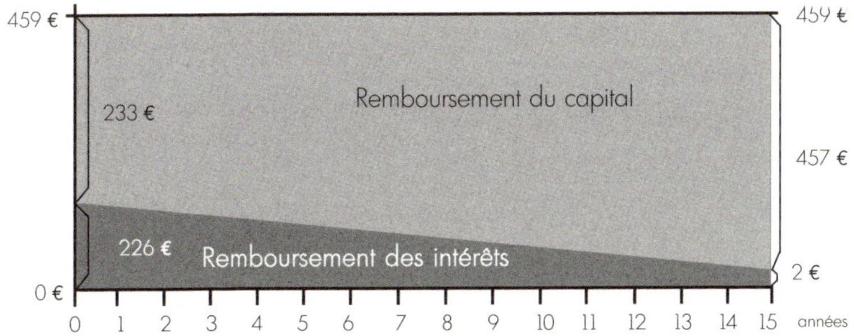

Une garantie de plus

Le crédit *in fine* est également intéressant en matière de protection de l'investisseur et de sa famille. En cas de décès, le prêt est remboursé grâce au jeu de l'assurance-décès et l'épargne accumulée sur le contrat d'assurance-vie donné en garantie se transmet au(x) bénéficiaire(s) dans des conditions fiscales avantageuses. Alors qu'en cas d'emprunt amortissable, le temps passé diminue le montant restant dû et, par voie de conséquence, le capital versé par la compagnie d'assurance en cas de décès de l'emprunteur.

Comme le graphique ci-dessus le montre, le montant des intérêts n'est pas constant. Toutes les mensualités sont identiques (459 €/mois). La première mensualité compte 226 € d'intérêt, et la dernière seulement 2 €. Or ce sont ces derniers qui constituent l'essentiel de la défiscalisation, qui est, par voie de conséquence, elle aussi irrégulière. L'irrégularité de la fiscalité pendant les quinze années que dure, en général, un prêt immobilier peut avoir des effets fâcheux pour qui ne l'a pas programmée en trésorerie. Les revenus fonciers nets imposables augmentent puisque les intérêts déductibles diminuent, et la charge fiscale progresse d'autant.

Cas pratique : trésorerie d'un emprunt *in fine*, Total de 150 000 €

	Annuel	sur 15 ans
1. Loyer perçu	9 000	135 000
2. Charges de copropriété	720	10 800
3. Taxe foncière	250	3 750
4. Gestion locative	900	13 500
5. Intérêts d'emprunt	6 750	101 250
6. Revenu foncier taxable (1 - 2 - 3 - 4 - 5)	380	5 700
7. CSG CRDS (6) x 0,11	42	627
8. Impôt sur revenus fonciers (6) x 0,40	152	2280
9. Trésorerie (1 - 2 - 3 - 4 - 5 - 7 - 8)	186	2793

De nombreux investisseurs se sont trouvés piégés, ne pouvant faire face à une fiscalité dont l'augmentation constante n'avait pas été prévue : la solution la plus fréquente, mais pas la moins coûteuse, consiste, pour diminuer le montant imposable, à augmenter la durée du prêt, ce qui a pour effet d'augmenter les intérêts déductibles. Mais le comportement le plus courant consiste pour les investisseurs à investir davantage dans d'autres biens. C'est ainsi que l'on rencontre souvent des particuliers qui, pour fuir la fiscalité, deviennent véritablement boulimiques en investissements immobiliers et se retrouvent à la tête d'un patrimoine largement surdimensionné par rapport à leurs besoins réels.

Pour pallier cette situation, les établissements de crédit distribuent des « prêts *in fine* » : les échéances ne comportent aucune part de remboursement de capital, mais uniquement des intérêts. Si le taux du crédit est fixe, par exemple 4,5 %, dans notre cas d'un emprunt de 60 000 €, le souscripteur rembourse chaque année 4,5 % du montant emprunté, soit 2 700 €, ou encore 225 € par mois. La totalité de la mensualité est donc déductible et la situation fiscale de l'investissement est stable pendant quinze ans.

De même, pour un emprunt *in fine* de la totalité de l'investissement, soit 150 000 €, le remboursement des intérêts représentera 6 750 € par an, soit 565 € par mois. Il est intéressant de voir que la fiscalité sur les revenus est presque nulle, de même que la trésorerie. Là encore, cet exemple de crédit *in fine* n'a de sens que parce que les taux de l'intérêt sont très bas, et que nous avons un exemple de rendement dan un appartement ancien (dans le neuf, le rendement serait plus faible, car le montant de l'investissement serait plus élevé).

Le crédit *in fine* est un très bon moyen pour obtenir une fiscalité quasiment nulle sur la période d'investissement. Cependant, pour pratiquer cette gymnastique fiscale et financière, il faut disposer d'un apport relativement important, ou d'une solide capacité à épargner chaque mois.

À noter

Pour une meilleure optimisation fiscale dans l'utilisation du crédit *in fine*, il faut se situer dans les tranches d'imposition les plus élevées.

Nous n'avons cependant pas réglé le problème du remboursement du capital : nous avons vu que les 180 mensualités n'étaient constituées que d'intérêts. Or, dans un crédit *in fine*, le capital doit se rembourser « *in fine* » c'est-à-dire lors de la dernière échéance. Bien entendu, notre investisseur s'y est préparé pendant quinze ans. Les banques et établissements de crédit proposent en réalité aux souscripteurs de crédits *in fine* des contrats d'assurance-vie sur lesquels un apport est réalisé à l'entrée, augmenté chaque mois d'une contribution supplémentaire : le contrat d'assurance-vie est destiné à être cassé au bout de quinze ans et à correspondre au remboursement du capital emprunté *in fine*. Il faut donc se livrer à un calcul forcément approximatif sur le taux de capitalisation prévisionnel de cette épargne sur les quinze ans à venir.

En prenant une hypothèse de rémunération de l'assurance-vie sur 15 ans de 4,5 % par an, l'effort d'épargne pour obtenir un capital de 150 000 € qui permettra de rembourser l'emprunt *in fine* pourrait être le suivant :

Apport personnel terme	Effort mensuel	Capital au au départ
0	587 €	150 000 €
77 000 €	0 €	150 000 €
50 000 €	208 €	150 000 €

Décès, perte d'emploi : couvrez-vous !

Des garanties indispensables

Si vous êtes un couple co-emprunteur, vous pouvez souscrire une assurance décès-invalidité couvrant 100 % sur deux têtes. C'est l'idéal, mais cela risque d'être onéreux.

Une garantie à deux

Vous avez aussi la possibilité de répartir la garantie en fonction des revenus de chacun, en prévoyant par exemple une couverture à hauteur de 50 % sur chaque tête, etc. Au cours d'une existence, bien des événements peuvent compromettre la réussite d'un projet d'acquisition. Vous avez donc tout intérêt à vous prémunir contre ces aléas.

Des solutions pour les aléas de la vie

Deux assurances coexistent en matière de crédit immobilier : l'assurance décès-invalidité et l'assurance perte d'emploi. C'est une garantie indispensable pour vous. La première est obligatoire.
En cas de décès, par exemple, vos éventuels héritiers se trouvent dégagés d'une dette que, sans cette garantie, ils auraient dû rembourser.

L'assurance décès-invalidité

Elle couvre généralement trois risques : le décès, l'invalidité totale et définitive et l'incapacité temporaire de travail. En cas de disparition, la compagnie

Assurance décès

Vous n'êtes pas obligé de prendre l'assurance-décès de votre banque, sauf si cette dernière vous l'impose. Si vous possédez déjà une assurance-décès ou une mutuelle, vous pouvez la donner en nantissement au profit de la banque.

Durée et montant de l'indemnisation perte d'emploi

La durée de prise en charge s'étend le plus souvent sur dix-huit mois pour une même période de chômage. Mais si, par malchance, vous subissiez un second licenciement, vous pourriez, après avoir travaillé pendant un an en CDI, prétendre à une nouvelle période d'indemnisation.

Dans certains contrats, le montant de l'indemnisation est limité à 70 ou 80 % de votre échéance mensuelle. Dans d'autres, le mécanisme d'indemnisation est progressif et augmente au fur et à mesure que diminue l'indemnité versée par les Assedic, c'est-à-dire au moment où vous en aurez le plus besoin.

À savoir

Vous ne pouvez pas souscrire une assurance perte d'emploi si vous êtes en période d'essai, de préavis ou en préretraite.

d'assurance prendra en charge l'intégralité du capital non encore remboursé (si le défunt est assuré à 100 %). Il en sera de même si vous êtes en invalidité permanente et définitive. L'incapacité temporaire de travail ne sera pas forcément couverte par votre contrat. N'hésitez pas à vous renseigner. Cette garantie peut prendre en charge un certain temps, après un délai de carence, vos mensualités de remboursement.

L'assurance perte d'emploi

Facultative, elle vous aidera, le cas échéant, à traverser un moment difficile. Elle prend le plus souvent en charge une partie des échéances mensuelles. Attention toutefois, certains contrats ne prévoient qu'un simple report d'échéances en fin de prêt.

Qui peut en profiter ?

Pour souscrire, vous devez obligatoirement être salarié et pouvoir prétendre aux allocations de chômage des Assedic. Vous devez également être âgé de moins de 55 ans et travailler en contrat à durée indéterminée (CDI) dans une même entreprise depuis au moins six mois ou un an, selon les formules.

Quand s'applique-t-elle ?

La garantie perte d'emploi s'applique après un délai de carence et un délai de franchise. Le délai de carence part de la date de la signature du contrat et s'étend généralement sur une durée de trois à douze mois. Cela signifie que si vous êtes privé d'emploi au cours de cette période, vous ne serez pas indemnisé. Le délai de franchise, lui, démarre à la date d'indemnisation par les Assedic. À l'issue de ce délai, qui varie très sensiblement (de quatre-vingt dix jours à un an selon les contrats), vous serez pris en charge.

chapitre 5

La fiscalité de la pierre

Les principes généraux

L'imposition des revenus fonciers

Le revenu brut

D'une manière générale, le revenu brut est constitué des loyers réellement encaissés, augmentés du montant des dépenses incombant au propriétaire et payées par le locataire. Si vous avez fait intervenir l'ANAH (Agence nationale pour l'amélioration de l'habitat) pour des travaux, les subventions de cet organisme sont considérées comme des recettes.

Les revenus fonciers et leur imposition tiennent une place importante dans la gestion d'un patrimoine. Les modalités de cette fiscalité sont très complexes.

Qui doit remplir une déclaration de revenus fonciers ? La déclaration dite 2044 s'impose pour les propriétaires et usufruitiers d'immeubles bâtis ou non bâtis donnant leurs biens en location (hormis le micro-foncier), ainsi que les associés de sociétés civiles immobilières, non soumises à l'impôt sur les sociétés, détenant des locaux, loués ou non.
Les propriétaires louant leurs biens dans des conditions spécifiques (en meublé, commerciaux ou professionnels) doivent remplir la déclaration correspondant à leur situation.
Les propriétaires louant leurs logements à des personnes défavorisées ou aux organismes qui les gèrent en sont exonérés sous certaines conditions.
Les frais que vous pouvez déduire sont les suivants :

- les indemnités d'éviction/de relogement de locataires ;
- les frais divers : à compter du 1er janvier 2006, l'abattement de 14 % sur les revenus fonciers été supprimée. En contrepartie, une déduction des frais réels est autorisée. Ces frais sont les suivants : honoraires et procédures juridiques, frais réels d'administration et de gestion, primes d'assurances ;

- une déduction forfaitaire de 20 € est admise par local loué (pour frais d'affranchissement, photocopies, déplacements) ;
- les dépenses d'amélioration qui ont pour objet d'apporter au local un équipement ou un élément de confort nouveau ou mieux adapté aux conditions de vie moderne ;
- les dépenses de réparation et d'entretien ;
- les taxes foncières (taxe d'habitation à la charge du locataire) ;
- les intérêts d'emprunts (y compris les primes d'assurance) ;
- les amortissements (dans le cadre de certains dispositifs fiscaux, *voir pages suivantes*).

Le résultat obtenu, après tous les calculs qui précèdent, est le revenu foncier net. Il sera intégré à vos autres revenus et susceptible de vous faire changer de tranche : ce qui pourrait générer un impôt supplémentaire. En outre, vous devrez acquitter une autre contribution :

- la CSG et la CRDS, d'un montant de 11 % des revenus fonciers nets (après toutes les déductions).

CSG et CRDS

Le montant de ces deux prélèvements n'a cessé d'augmenter depuis leur création. Il s'élève depuis le 1er janvier 2005 à 11 % des revenus. Ces prélèvements doivent s'éteindre en 2024, après remboursement total de la dette de la Sécurité sociale.

Loyer perçu dans des conditions urbaines classiques

Loyer perçu sans dispositif fiscal particulier, pour un studio de 35 m² dans Paris, avec un loyer mensuel de 800 €. Nous considérons que l'appartement a été acquis comptant pour une valeur de 150 000 €, et donc sans intérêt d'emprunt, et que la tranche marginale d'imposition du propriétaire est de 40 % (les montants sont indiqués en euros).

	mensuel	annuel
1) Loyer	800	9 600
2) Charges de copropriété	80	960
3) Gestion locative	64	768
4) Taxe foncière		230
5) Entretien et frais divers		200
6) Revenu foncier imposable 1 - 2 - 3 - 4 - 5		7 442
7) Impôt sur le revenu, (6) x 0,40		2 702
8) CSG et CRDS, soit (6) x 0,11		819
9) Trésorerie nette		3 646

Ainsi, pour un loyer brut de 9 600 €, soit un rendement de 6,40 % brut sur le montant investi, les frais de gestion et d'entretien et la fiscalité laissent un rendement net de 2,43 %… Et encore, sans compter une éventuelle imposition sur la fortune ou une chaudière à remplacer. Dans ce cas, le rendement serait nul, voire négatif. Nous verrons comment optimiser fiscalement un investissement immobilier locatif.

Quelques opportunités à saisir

Les dispositifs favorables aux propriétaires

Réduction de la TVA pour les travaux à domicile, baisse des droits de mutation pour les acquisitions dans l'ancien, extension du régime du microfoncier pour les propriétaires bailleurs, régime du loueur en meublé professionnel, lois Besson (pour l'investissement locatif dans le neuf et dans l'ancien), Malraux (pour la restauration de demeures classées ou à caractère historique), loi Paul (pour l'investissement locatif dans les Dom-Tom), etc. : les avantages fiscaux liés à la pierre ne manquent pas.

Exemple

Sur un devis de 45 734 €, le coût de la TVA passe de 9 421 € à 2 515 € avec la baisse des taux, soit une économie de 12,5 % sur la facture. Il faut en profiter sans attendre.

Profitez de la TVA réduite

Les travaux dans les habitations bénéficient, depuis le 15 septembre 1999, d'un taux réduit de 5,5 % au lieu de 20,6 % précédemment. Encore faut-il respecter certaines règles.

- Il est interdit de réaliser les travaux soi-même ou d'acheter les fournitures à la place de l'artisan.
- Toutes les prestations ne sont pas éligibles. La réfection du toit est admise mais non l'installation d'un abri de jardin ; l'installation d'une baignoire, même à remous, mais pas celle d'un jacuzzi ; celle d'un escalier, mais pas celle d'un ascenseur. Cette accumulation d'exceptions est d'ailleurs déroutante, et nombre d'artisans et d'entrepreneurs se déclarent perdus. Il faut quand même s'intéresser à la mesure car l'étendue de son champ d'application est séduisante. Elle s'applique aux tra-

L'aubaine : les droits de mutation

Depuis le 15 septembre 1999, les droits d'enregistrement à l'achat d'un logement ou d'un fonds de commerce sont ramenés à 4,89 %. Les logements sont ainsi fiscalement alignés sur les locaux professionnels.

vaux réalisés dans des locaux destinés à l'habitation, à condition que leur construction remonte à plus de deux ans. La définition englobe les maisons individuelles et les appartements situés dans des immeubles collectifs, les résidences principales et secondaires. Elle intègre aussi les dépendances directement attenantes aux logements : balcons, caves, greniers, débarras, garages privatifs, etc., du moment qu'ils jouxtent l'habitation. Tous les occupants peuvent bénéficier de la mesure, qu'ils soient locataires, propriétaires occupants ou bailleurs. Le taux réduit s'applique à la main d'œuvre et aux matériaux nécessaires au chantier, à l'exception des travaux d'aménagement des espaces verts, des chantiers de construction ou de reconstruction (surélévation d'une maison ou construction d'une véranda, par exemple).

Dépenses d'entretien et de réparation

Dans les deux exemples précédents, nous avons comptabilisé les dépenses de réparation dans les frais déductibles du seul revenu foncier, en prenant des montants faibles et non significatifs. Une méthode de défiscalisation peut ainsi consister, pour un propriétaire bailleur disposant de revenus fonciers et de biens en bon état sans travaux notables à prévoir, à investir dans un ou plusieurs autres biens dans l'ancien, à des prix faibles mais nécessitant d'importants travaux de rénovation. Ces nouveaux travaux seraient en tout ou partie absorbés par des revenus fonciers des immeubles précédents et généreraient un gain fiscal qui augmenterait d'autant la rentabilité de l'ensemble. Le déficit foncier résultant de dépenses autres que des intérêts d'emprunt est imputable sur le revenu global dans la limite annuelle de 10 700 €. Au-delà, il est imputable sur les revenus fonciers des 10 années suivantes. Tout le problème réside dans le bon dosage entre le prix d'acquisition d'un immeuble ancien et le montant prévisible des travaux à envisager : les mauvaises surprises sont courantes et les dépassements de devis aussi.

Micro-foncier : un avantage à étudier

Jusqu'à 15 000 € de revenus bruts fonciers annuels, un particulier peut se dispenser de remplir l'imprimé bleu spécifique aux revenus fonciers. S'il le souhaite, il est autorisé à intégrer les loyers perçus dans ses revenus imposables. L'administration procédera d'elle-même à un abattement de 30 %. Le solde sera assujetti à l'impôt sur le revenu. Mais, au-delà de la déclaration facilitée, il faut s'assurer de l'avantage fiscal qu'une telle disposition peut procurer. Car s'il est soumis au régime de droit commun, le bailleur pourra déduire de ses revenus fonciers la totalité de ses charges. Un calcul comparatif s'impose avant d'opter expressément pour l'un ou l'autre système. Si les charges sont faibles, le microfoncier est intéressant. Attention, l'option pour le régime du micro-foncier est d'une durée de 3 ans au minimum.

Le dispositif Robien dans le neuf

Créé en 2003, le dispositif a été jugé depuis excessivement avantageux pour les investisseurs. Il a été modifié pour les investissements à compter du 1er juillet 2006.

De Besson à Robien

Les principaux avantages du dispositif Robien par rapport au précédent dispositif (Besson) sont :
• la suppression des plafonds de ressources des locataires ;
• une nette augmentation des plafonds de loyers.

Les grand principes

Un amortissement limité à 50 % et réparti sur 9 ans maximum. La notion d'amortissement signifie tout simplement déduction du revenu foncier (pour les entreprises l'amortissement se déduit du chiffre d'affaires). Le rythme de l'amortissement est précis :

- 6 % chaque année pour les 7 premières années (soit 42 %) ;
- 4 % pour chacune des 2 années suivantes (soit 8 %).

Les logements concernés

- Les logements neufs ou en état futur d'achèvement pour lesquels l'acte de vente est postérieur au 1er juillet 2006.
- La base de l'amortissement est constituée par le prix d'acquisition, parkings inclus (sauf si ces derniers seront loués à d'autres locataires que le locataire principal), et frais d'acquisition également inclus.
- La période d'amortissement débute à la livraison de l'immeuble, ou à son acquisition si elle intervient après. La première année, l'amortissement s'applique *prorata temporis*.

Pas de conditions de ressources pour les locataires : Si aucune condition de ressources n'est exigée du locataire, le propriétiare est, en revanche,obligé de louer le bien à un locataire au titre de sa résidence principale pour une durée de 9 ans minimum. Le locataire peut être un ascendant ou un descendant, à condition de ne pas être inclus dans le foyer fiscal. Attention à appliquer des montants de loyers correspondants au prix du marché. Des loyers trop faibles peuvent être considérés comme abusifs et redressés par l'administration.

Des plafonds de loyers en fonction des zones géographiques

Quatre zones sont instituées :

- **Zone A** : Paris, première et deuxième couronne, Côte d'Azur et Genevois, le plafond est de 20,45 € au m^2.
- **Zone B1** : Les agglomérations de plus de 250000 habitants, la grande couronne parisienne, le pourtour de la Côte d'Azur, les villes de Annecy, Bayonne, Chambéry, Cluses, La Rochelle, Saint Malo,la Corse et les DOM, le plafond est de 14,21 € au m^2.
- **Zone B2** : les agglomérations de plus de 50 000 habitants, le reste de l'Ile de France, le plafond est de 11,62 € au m^2.
- **Zone C** : le reste du territoire, le plafond est de 8,52 € au m^2.

Ces plafonds sont réévalués chaque année et font l'objet d'une publication au Journal Officiel. Concrètement, il est recommandé, avant tout projet, de vérifier de quelle zone relève l'investissement envisagé. Surtout, il est vivement conseillé de vérifier que les plafonds de loyers sont compatibles avec le marché locatif local.

Important

Le montant de l'amortissement vient en déduction des revenus fonciers, et si le résultat est négatif, il est reportable sur le revenu du contribuable,dans la limite de 10 700 €, sans que ce déficit comprenne les intérêts d'emprunt. Les biens acquis en démembrement de propriété ne peuvent bénéficier de l'amortissement de Robien. Par contre, l'acquisition d'un bien en indivision est autorisée, l'amortissement étant réparti proportionnellement à chaque part.

AMORTISSEMENT DE ROBIEN :
TABLEAU DES DÉFICITS ET ÉCONOMIES D'IMPÔTS

Appartement de 200 000 € financé totalement à crédit *in fine* de 4 % d'intérêts fixes.

Année	Revenu foncier - charges	Intérêts emprunt	Amortis-sement	Déficit total	Déficit sur revenu global	Déficit repor-table
1	5 470	8 000	12 000	14 530	10 700	3 830
2	5 579	8 000	12 000	14 421	10 700	3 721
3	4 691	8 000	12 000	14 309	10 700	3 609
4	5 805	8 000	12 000	14 195	10 700	3 495
5	5 921	8 000	12 000	1 409	10 700	3 379
6	6 039	8 000	12 000	13 961	10 700	3 261
7	6 160	8 000	12 000	13 840	10 700	3 140
8	6 283	8 000	8 000	9 717	8 000	1 717
9	6 409	8 000	8 000	9 591	8 000	1 591
10	6 537	8 000	0	1 463	0	1 463
11	6 668	8 000	0	1 332	0	1 332
12	6 801	8 000	0	1 199	0	1 199
13	6 937	8 000	0	1 063	0	1 063
14	7 076	8 000	0	924	0	924
15	7 218	8 000	0	782	0	782
16	7 362	0	0	0	0	0
17	7 509	0	0	0	0	0
18	7 659	0	0	0	0	0

Plusieurs remarques sur ces tableaux

Pour un investisseur ne disposant pas par ailleurs de revenus fonciers, l'amortissement sur les 7 premières années est de 12 000 € chaque année, dont seulement 10 700 € sont reportables sur le revenu global. L'amortissement sur les deux années suivantes sera de 8 000 €, intégralement reportable sur le revenu global, puisque inférieur à 10 700 €. Cela signifie que pour un investissement de 200 000 € générant un amortissement de 100 000 €, seulement 90 900 € sont déductibles sur le revenu global, et génèreront une économie d'impôt à hauteur de 0,30 % + 0,11% ou 0,40% + 0,11%. L'amortissement non reportable, soit 9100 €, ne sera pas utilisé, car il s'additionne à un déficit foncier permanent (le loyer, diminué des frais et des intérêts, génère un déficit foncier non imputable sur les revenus globaux).

À savoir

L'effet de levier du dispositif Robien est amplifié par un financement pour partie emprunté : il est intéressant de conjuguer les deux.

BILAN DE L'INVESTISSEMENT DE ROBIEN

Investissement 200 000 € crédit total in fine au taux de 4 % Loyers de 580 € mensuels

1. Montant de l'investisement frais d'acquisition inclus	200 000 €
2. Montant de loyer sur 15 ans (progression 2 % l'an)	120 360 €
3. Assurance et gestion locative (10 % TTC des loyers)	12 036 €
4. Charges de copropriété (20 €/m2 la 1re année)	10 376 €
5. Taxes foncières (200 € la première année)	3 458 €
6. Intérêts du crédit	120 000 €
7. Trésorerie courante qui est aussi le déficit foncier (2-3-4-5-6)	-25 510 €
8. Économies d'impôts sur amortissement (90 900x0,40)	36360 €
9. Économies d'impôts sur déficits fonciers (9 100x0,51 %) + (25 510 x 0,51)	17 651 €
Total d'économie d'impôts	**54 011 €**

Le déficit foncier : de fait, sur les 5 premières années, un total de 18 034 € est définitivement perdu, car non reportable au-delà de la 10e année. On note cependant que sur l'ensemble des 15 années de financement, et les deux années suivantes, l'investissement ne génère ni impôt sur le revenu, ni cotisation à la CSG/CRDS. Si l'investisseur dispose par ailleurs de revenus fonciers, il bénéficiera de la totalité des amortissements : ceux qui entraînent une déduction sur le revenu global, mais aussi ceux qui sont reportables sur les autres revenus fonciers.

Les économies d'impôts réelles sont constituées de celles générées par l'amortissement utilisé et de celles réalisées à partir de la 16e année par les reports des déficits fonciers,soit un total de 44 761 €.

Il n'est pas douteux que l'opération présente de l'intérêt, mais il faut se garder de tirer des conclusions, puisque personne n'est en mesure de donner une valeur prévisionnelle en 2022 à un studio acheté dans Paris en 2007 pour une valeur de 200 000 €.

Néanmoins nous pouvons affirmer :

- Qu'il est préférable de réaliser un investissement en loi Robien lorsqu'on détient déjà un patrimoine immobilier générant des revenus fonciers imposables.
- Que la tranche marginale d'imposition de l'investisseur est essentielle : avec un contribuable imposé à 30 %, l'opération perdrait une bonne partie de son intérêt. Quant aux candidats investisseurs ayant la tranche d'imposition de 14 %, voire moins, ils doivent s'abstenir.
- Qu'au final, en imaginant que l'investisseur ait placé au départ un montant de 120 000 € sur le fonds sécurisé d'un contrat d'assurance vie (qui rapporterait en moyenne 3,50 % sur 15 ans) et qui lui permettrait de rembourser le crédit *in fine*, les contributions à l'investissement sont les suivants :

- Investisseur : 120 000 € + 25 510 €
- Locataire : 120 360 €
- État, sous forme d'économies d'impôts : 54 011 €

La 16e année, si l'investisseur dispose par ailleurs de revenus fonciers, ou la 18e année, s'il n'en dispose pas, l'investissement génère des revenus fonciers pleinement imposables à la tranche marginale d'imposition, additionnée de la CSG/CRDS.

Si notre investisseur n'a pas changé de tranche d'imposition, le rendement locatif devient alors très faible : 1,34 % (Hypothèse : le bien s'est revalorisé de 2 % par an et vaut donc 269 174 €, et l'imposition est de 0,40 + 0,11)...

On retombe alors face à d'autres considérations : soit il conserve son investissement en l'état et est fiscalisé lourdement, soit il le refinance pour échapper à l'imposition sur les revenus, soit il le vend en franchise d'imposition sur les plus-values.

Le dispositif Borloo dans le neuf

Mis en place par la Loi Engagement National pour le Logement, le dispositif Borloo se donne une vocation incontestablement sociale: les avantages fiscaux sont plus intéressants que ceux du dispositif de Robien, mais ils sont assortis de conditions financières restrictives, avec effet double : sur les ressources des locataires, et sur des plafonds des loyers pratiqués. Avec ce donnant-donnant, le gouvernement pense trouver une réponse au succès incontestable du dispositif de son prédécesseur, et aux critiques sur les effets inflationnistes sur les loyers et, par-delà, à une ségrégation des locataires. En réalité, le dispositif Borloo s'adresse à des locataires appartenant davantage aux classes moyennes qu'aux catégories relevant habituellement des critères d'accession aux logements sociaux.

Un amortissement à hauteur de 65% maximum sur 15 ans, réparti comme suit :

- 6 % chacune des 7 premières années, soit 42 %
- 4 % chacune des deux années suivantes, soit 8 %
- 2,50 % chacune des 6 dernières années, soit 15 %
- Une déduction forfaitaire spécifique de 30 % sur les revenus fonciers. Cette déduction est propre au dispositif Borloo et ne remplace pas les déductions pour frais réels des autres frais (gestion, assurances, procédures, travaux d'entretien, gérance...)

- Des loyers limités inférieurs à ceux du dispositif Robien :
Zone A : 16,37 € au m²
Zone B1 : 11,37 € au m²
Zone B2 : 9,30 € au m²
Zone C : 6,82 € au m²
- Les zones sont identiques à celles du dispositif Robien

Des ressources limitées pour les locataires

Pour les baux conclus en 2007, les plafonds de ressources des locataires vont de 22 475 € à 33 233 € pour une personne seule selon les zones, ou encore de 30 209 € à 49 668 € pour un couple sans enfants ; des majorations sont appliquées pour chaque enfant supplémentaire.
Nous sommes donc face à un dispositif qui exclut seulement les locataires trop aisés, mais qui a effectivement pour ambition de modérer les loyers.

Les ascendants et descendants exclus

À l'inverse du dispositif Robien, l'investisseur ne peut pas louer son bien à ses ascendants ou à ses parents et bénéficier du régime Borloo ; si cette éventualité se présentait, il devrait alors renoncer à bénéficier de l'amortissement pendant la durée de location,qui devra durer au moins trois ans, et qui ne sera pas prise en compte dans le cadre de l'obligation de location pendant au moins 9 ans à un locataire au titre de sa résidence principale.
L'économie d'impôt générée par le déficit dû à l'amortissement dans la limite de 10 700 € par an est de (7 fois 10 700 € + 2 fois 8 000 € + 6 fois 5 000 €) x 0,40, soit 48 360 €, auxquels on doit ajouter la part reportable sur les revenus fonciers courants (9 100 x 0,51), soit 4 641. Ce qui donne un total de 53 001 €.

Nous avons considéré que l'investisseur disposait par ailleurs de revenus fonciers nets suffisants pour absorber les excédents de déficits au-delà de 10 700 €/an.
Dans notre exemple, le financement de l'investissement se répartit comme suit :

- Investissement au départ dans un contrat d'assurance vie : 120 000 €
- Auquel on ajoute la trésorerie courante : 38 030 €
- Locataire : 114 135 €
- État (sous forme d'économies d'impôts) : 9 1031 €

L'effet de l'amortissement à hauteur de 65 % et de l'abattement forfaitaire de 30 % sur les loyers compense largement la limitation des loyers. Notre exemple, l'investissement Borloo, est davantage financé par les économies d'impôt que dans un projet de Robien.
Encore une fois, l'investissement est d'autant plus justifié si l'investisseur dispose de revenus fonciers nets annexes, et s'il lui est appliqué une tranche d'imposition élevée.
À propos du financement de l'assurance vie en adossement du crédit *in fine*, on peut remarquer que la trésorerie réelle de l'activité locative est positive, et peut donc être affectée au fur et à mesure où elle apparaît sur le contrat d'assurance vie, ce qui permettrait de diminuer l'apport personnel de départ et de le limiter à 82 000 €.

BILAN DE L'INVESTISSEMENT BORLOO

nvestissement valeur 200 000 € crédit total au taux de 4 % fixe, assurances comprises
Appartement situé en zone B1, en région parisienne, d'une surface de 50 m²

. Montant de l'investisement frais d'acquisition inclus	200 000 €
. Montant de loyer sur 15 ans (base 11 € au m², progression 2% l'an)	114 135 €
. Assurance et frais de gestion locative (10 % TTC des loyers)	11 413 €
. Charges de copropriété (base 16 €/m² la 1e année)	13 835 €
. Taxes foncières (400 € la première année)	6 917 €
. Intérêts du crédit	120 000 €
conomie d'impôt sur amortissement Borloo	53 001 €
éficit foncier hors amortissement après abattement de 30 %	72 270 €
conomies d'impots sur déficit foncier classique x 0,51 (IR + CSG/CRDS)	36 858 €
résorerie courante	38 030 €
otal d'économie d'impôts	**91 031 €**

Les dispositifs Robien et Borloo dans l'ancien

L'idée était bonne, puisque les aides fiscales à l'investissement locatif favorisent essentiellement, sous des formes nombreuses et variées, les logements neufs, au détriment du secteur de l'ancien. Las, les dispositif de Robien et Borloo consacrés au logement ancien manquent leur objectif : les restrictions techniques sont telles, et les démarches administratives si fastidieuses, que très peu d'investissements ont été réalisés.

Le dispositif Robien

Conditions d'éligibilité des logements

En premier lieu, le dispositif s'applique à des biens acquis à titre onéreux dans le but de les réhabiliter et de les louer. Un logement déjà détenu n'entre pas dans le champ de l'amortissement.

Le logement doit ensuite être en état d'insalubrité chronique puisqu'il doit répondre au moins à quatre critères d'insalubrité définis par la loi SRU (Solidarité et renouvellement urbain), qui en comporte quinze. Une attestation délivrée par un contrôleur technique ou un technicien qualifié (architecte,bureau d'études...) devra le prouver.

Les travaux de réhabilitation devront permettre de livrer un logement dont les caractéristiques devront être proches d'un logement neuf et satisfaire à au moins 6 des 12 critères définis par la même loi (ins-

tallation électrique conforme, équipements sanitaires aux normes, chauffage performant et isolation assurée).
A l'issue des travaux, une attestation sera exigée des mêmes professionnels. Une exigence est également mentionnée pour les parties communes de l'immeuble : réhabilitées ou non, elles devront bénéficier d'une attestation de décence.
Un amortissement sur 9 ans, à hauteur de 50 % maximum identique à un investissement neuf ; l'amortissement porte sur le prix d'acquisition, les frais d'acquisition, les travaux et honoraires des professionnels.

Pas de condition de ressources des locataires
Des conditions de limitation des loyers (identiques au régime Robien pour le neuf)
Engagement de location
Nous sommes dans le même cas de figure que dans le Robien neuf : location au titre de résidence principale du locataire, celui-ci pouvant être ascendant ou descendant mais sorti du foyer fiscal, pour une durée de 9 ans au moins.

Notre avis

Ce dispositif relève d'un parcours administratif digne des meilleures années du bloc soviétique ; les fonctionnaires qui l'ont conçu ne pouvaient pas mieux faire pour tuer le projet, au demeurant d'intérêt général, de rénovation de l'habitat ancien. En réalité, la réhabilitation dans des conditions proches du neuf étant plus coûteuse que la construction, il eût fallu soit être moins exigeant sur les conditions de réhabilitation, soit être plus généreux sur le dispositif fiscal : par exemple en appliquant aux travaux le taux de TVA réduit.

Le dispositif Borloo

Avec ce dispositif, nous sommes véritablement dans le domaine du logement ancien à vocation sociale. Logements et travaux éligibles : mêmes conditions que le dispositif de Robien ancien.

- Amortissement : idem Borloo neuf, soit 65% sur 15 ans.
- Plafonds des loyers : caractéristiques identiques au dispositif Borloo neuf.
- Plafonds de ressources des locataires : identique au régime Borloo pour le neuf.
- **Déduction forfaitaire supplémentaire sur les revenus :**

Le propriétaire qui signera une convention de gestion sans travaux (il aura réalisé les travaux au préalable) avec l'Anah (Agence nationale pour l'amélioration de l'habitat), pourra bénéficier :

- d'une déduction fixée à 30 % des revenus fonciers bruts si la convention porte sur des niveau de loyers intermédiaires ;
- d'une déduction de 45 % des revenus fonciers bruts si cette convention porte sur un niveau de loyer à caractère social.

Notre avis

Si on se reporte aux avantages accordés au dispositif Borloo dans le neuf, on se rend compte que le dispositif dans l'ancien n'apporte pas d'éléments qui permettent d'affronter les difficultés inhérentes à ce type d'investissement ; nous conseillons de préférer le dispositif Borloo pour le neuf.

Résidences avec services, une fiscalité douce

Pour touristes ou pour étudiants

L'époque est révolue où les résidences avec services cumulaient deux avantages fiscaux : amortissement et la récupération de la TVA. Seul ce dernier subsiste. Toutefois, deux niches fiscales ont été aménagées.

Les résidences de tourisme

Dans les résidences de tourisme, une incitation provisoire a été mise en place jusqu'au 31 décembre 2010. À condition d'être construites dans une zone de revitalisation rurale (ZRR) notamment, elles peuvent offrir aux investisseurs particuliers une réduction d'impôt, en plus de la récupération de TVA. Cette réduction est étalée sur six ans, à hauteur de 25 % du montant de l'acquisition en cas d'achat d'un logement neuf, dans la limite de 50 000 € pour une personne seule et de 100 000 € pour un couple marié.
Au total, l'économie d'impôt peut donc atteindre 12 500 € pour un célibataire et 25 000 € pour un couple marié. En contrepartie, l'acheteur doit louer son bien nu pendant neuf ans à l'exploitant de la résidence de tourisme.

À noter
Le propriétaire peut occuper son logement huit semaines par an sans remettre en cause l'avantage fiscal. Le taux de la déduction forfaitaire sur les revenus fonciers est de 6 %.

Résidences avec services

Leur statut est défini par l'arrêt ministériel du 14 février 1986. Trois des quatre services suivants doivent exister :
• accueil,
• petit-déjeuner,
• blanchisserie et fourniture de linge,
• entretien des logements.

Les résidences pour étudiants

Dans les résidences pour étudiants, les acquéreurs peuvent aussi choisir : la TVA récupérée ou le bénéfice de l'amortissement Robien *(pour les conditions, voir p. 100 et suivantes).*

Si le particulier opte pour ce dernier, il devra louer son studio nu, directement à un étudiant et selon les plafonds de loyers prévus par la loi (pas plus de 20,45 € le mètre carré à Paris, alors que ce type de biens se loue parfois sur la base de 30 € le mètre carré). Ou bien le particulier préfère récupérer la TVA. En ce cas, il passera par une société hôtelière. À charge pour elle de meubler l'appartement et de trouver des occupants. Les loyers seront alors alignés sur les prix du marché. L'offre est encore rare, avec seule une résidence

Attention au mélange des genres

Lorsque vous investissez dans une résidence de tourisme, il y a forcément une partie importante qui correspond à un actif immobilier. Une partie plus faible correspond à un actif mobilier (cuisine, chambre, etc.). Il faut veiller à ce que ce dernier poste ne soit pas surévalué.
Par ailleurs, la pérénité du bien – et donc sa valorisation – dépendra largement de la qualité du gestionnaire, paramètre beaucoup plus difficile à maîtriser.

Le loueur en meublé professionnel

Le LMP, celui qui loue habituellement plusieurs logements meublés, est inscrit au registre du commerce et perçoit plus de 23 000 € de recettes annuelles (loyers) ou tire de cette activité au moins 50 % de ses revenus.
Il peut imputer des déficits d'exploitation sur son revenu global.
L'impôt sur les plus-values en cas de vente est nul si le loueur exerce son activité depuis plus de cinq ans et si les recettes annuelles TTC sont inférieures à 250 000 € (si elles sont comprises entre 250 000 et 350 000 €, l'exonération est partielle) l'année de la cession.
Enfin, il est exonéré d'ISF puisque ses biens sont considérés comme professionnels, à condition que les recettes provenant de cette activité représentent plus de 50 % des revenus du foyer fiscal ou dépassant 23 000 € annuellement.

de tourisme située en ZRR ! Pour les résidences étudiantes, préférez une petite ville qui vient de se doter d'un pôle universitaire. Les besoins en logements n'ont pas encore été couverts.

Une réduction d'impôt sur quatre ans

Deux points sont à considérer : la solidité financière du gestionnaire de l'opération et la présence d'une véritable demande locative. Un tel investissement s'adresse à ceux qui sont fortement imposés.

Des placements pour prendre date

Loi Malraux, loi Paul...

Certains investissements sont assortis d'un avantage fiscal important. C'est le cas de l'achat d'un appartement à rénover sous le régime de la loi Malraux ou d'un monument historique. D'autres, comme l'achat d'un appartement neuf dans les Dom-Tom permettent de profiter d'une défiscalisation immédiate pour l'ensemble de l'année civile. Toutes ces opérations sont lourdes quant aux sommes à mobiliser et présentent un risque de requalification fiscale si elles n'ont pas été peaufinées. Il faut donc prendre son temps avant de s'engager, plutôt que de se précipiter pour profiter d'un avantage fiscal. Toutefois, à condition de ne retenir que des opérateurs sérieux, elles peuvent être entreprises dans une optique de long terme.

La loi Malraux

La remise en état d'un immeuble ancien situé dans un secteur sauvegardé permet d'imputer certains frais sur le revenu global du contribuable, sans limitation de montant. Un tel cadeau s'accompagne de contraintes :

- L'appartement ne doit pas être acquis en l'état futur d'achèvement ;
- La rénovation ne peut être entreprise qu'avec l'autorisation délivrée par le préfet, après avis de l'architecte des Bâtiments de France ;

- Le propriétaire s'engage à louer les lieux dans un délai maximum de douze mois à compter de l'achèvement des travaux, à un locataire qui y élira sa résidence principale pendant 6 ans.

La loi Malraux offre la possibilité pour un investisseur de déduire de son revenu global et sans limitation de montant les frais de restauration d'un bien immobilier ancien. C'est une dérogation à la règle classique qui autorise seulement un déficit imputable sur le revenu global de 10 700 € par an. Ceux qui sont fortement imposés se tournent souvent vers la loi Malraux afin d'utiliser la pierre comme instrument de défiscalisation. Mais, comme tous les produits à fort avantage fiscal, il faut bien prendre la mesure de son engagement, se méfier des produits de défiscalisation qui ne sont pas bien pensés et respecter le dispositif fiscal et architectural à la lettre. Dans le cas contraire, le contribuable risque de voir son opération requalifiée par l'administration fiscale.

Le marchand de biens

C'est un professionnel de l'immobilier qui achète et vend à titre professionnel. En règle générale, il ne conserve un bien que très peu de temps.

La mise en place de l'opération loi Malraux

Certains immeubles présentent un intérêt historique ou architectural. Ils peuvent alors être classés par l'administration dans un secteur sauvegardé ou dans une zone comparable, par exemple une zone de protection du patrimoine architectural, urbain et paysager (ZPPAUP). Ou encore dans un périmètre de restauration immobilière (PRI). La remise en état de ces immeubles par le propriétaire (ou par les copropriétaires groupés dans une association foncière urbaine, une AFU) ou par l'État, les communes ou des collectivités publiques, va être à l'origine d'un déficit qui sera imputable sur le revenu global du contribuable. Attention, les propriétaires doivent prendre l'initiative de l'opération. Ils peuvent cependant donner un mandat à un ou plusieurs professionnels. Ces derniers seront rémunérés pour leurs démarches administratives et procéderont aux études architecturales et à la surveillance des travaux.

Le propriétaire doit scrupuleusement respecter les exigences posées par la loi. Dans le cas contraire, l'avantage fiscal sera remis en cause. Il s'agit essentiellement de l'obligation de louer pendant au moins six ans à titre de résidence principale et en « nu », c'est-à-dire sans meubles. Ce sont les copropriétaires regroupés dans une AFU ou, dans certains cas précis, leurs mandataires, qui doivent accomplir l'ensemble des démarches administratives en vue de réaliser les travaux de rénovation. L'imputation du déficit provenant de la remise en état (frais de rénovation, de démolition, d'adhésion à l'association foncière urbaine) est déductible du revenu global, sans plafond, contrairement au logement ancien classique. Les intérêts d'emprunts sont déductibles des revenus fonciers. Le propriétaire agit en tant que particulier et n'a pas à mettre en place une société pour bénéficier de cet avantage. Il faut faire attention aux programmes qui ne respectent pas les contraintes fiscales et juridiques et au prix d'acquisition qui peut être trop élevé. Préférez les programmes en centre ville. Assurez-vous de l'existence d'une demande locative, car l'appartement doit être loué dans un délai de douze mois suivant l'achèvement des travaux de remise en état.

Gare au coût

Une rénovation en secteur sauvegardé ne doit pas dépasser 10 à 15 % du prix d'une opération classique. Ce surplus s'explique par la multiplicité des intervenants dans le montage juridique.

Les bonnes questions à se poser

L'immeuble est-il en zone sauvegardée ?

D'abord, le vérifier. Puis se renseigner sur le vendeur, souvent marchand de biens, ses antécédents, les immeubles vendus, les références. Il ne faut jamais lui verser d'autres sommes que celles correspondant au prix de vente. Autre point important, le marchand de biens ne doit jamais être président de l'AFU.

Qui prend l'initiative des travaux ?

C'est à partir de l'association qui regroupe les copropriétaires que les travaux doivent être entrepris. Il est impératif que le président de l'association foncière urbaine ne soit pas un néophyte. Dans le cas contraire, mieux vaut confier la gestion à une société spécialisée disposant de sérieuses références.

Attention : il ne faut pas commencer les travaux avant l'obtention de l'autorisation spéciale. Il faut veiller à ce que les sommes versées aux entreprises intervenantes le soient après les travaux, sous réserve de l'accord du maître d'œuvre ou en avance sur travaux, à la seule condition qu'elles soient cautionnées par une banque ou séquestrées sur un compte spécial. Il faut enfin veiller à ne pas surpayer l'opération.

Facilités

Parmi les nouveautés, la possibilité de profiter d'une réduction d'impôt égale à 60 % du montant des dépenses supportées par un investisseur pour rénover un hôtel ou assurer la maintenance des transports maritimes et aériens. À condition toutefois que le siège de ces entreprises se situe outre-mer.

Les monuments historiques

Les propriétaires de châteaux et demeures présentant un caractère historique peuvent déduire les charges qu'ils supportent de leur revenu global (selon des pourcentages, différents selon que le bien procure ou non des revenus imposables et est occupé ou non par son propriétaire). Ces biens sont soumis à l'ISF. Ceux qui sont classés ou inscrits à l'inventaire supplémentaire des Monuments Historiques bénéficient d'une exonération des droits de succession, accordée aussi aux meubles, à condition que les héritiers concluent avec le ministère une convention à durée indéterminée autorisant la visite du public.

L'immobilier dans les Dom-Tom

La loi Pons est remplacée, depuis le 1er janvier 2001, par la loi Paul, elle-même complétée par les lois Girardin du 15 juin 2003 et Outre-mer du 21 juillet 2003. Un avantage est accordé pour toutes les opérations réalisées avant le 1er janvier 2018, de :

• construction ou acquisition d'un logement neuf,
• travaux de réhabilitation sur un logement achevé depuis plus de 40 ans,

pour lesquels le contribuable prend l'engagement de louer nu dans les six mois de l'acquisition ou de l'achèvement et pour une durée minimale de 5 ans (6 ans dans le secteur intermédiaire) à un locataire y fixant sa résidence principale. Le contribuable bénéficie d'une réduction d'impôt de 40 % pour les investissements dans le secteur locatif libre et de 50 % dans le secteur intermédiaire dans la limite de 1 866 € par mètre carré. La base de la réduction est répartie sur 5 ans.

Le lucratif investissement en nue-propriété

Pour les investisseurs avertis qui détiennent un patrimoine important et qui bénéficient de revenus fonciers non défiscalisables (ils n'ont plus d'intérêts d'emprunt à déduire), il existe une possibilité d'investissement : la nue-propriété.
Un organisme de 1 % logement souhaite construire des logements pour ses adhérents. Il ne souhaite pas supporter la totalité de l'investissement et vend en se réservant l'usufruit temporaire, par exemple sur vingt-deux ans. Les acquéreurs vont contracter un emprunt de cette durée pour acheter la nue-propriété, qui aura une valeur de 21 % de la pleine-propriété. Les intérêts sont déductibles des revenus imposables et donc ne coûtent réellement que la moitié à l'investisseur. La dette est déductible de l'assiette de l'ISF : encore une économie d'impôt. En revanche, la nue-propriété n'est pas soumise à l'ISF. Au terme des vingt-deux ans, l'investisseur retrouve la pleine-propriété : soit il conserve le bien et en perçoit les loyers, soit il le vend sans imposition sur les plus-values. Dans les deux cas, il a acquis pour 10 € un bien qui en vaut 15, dans des conditions fiscales exceptionnelles.

chapitre 6

La gestion du patrimoine immobilier

La (délicate) gestion des loyers

Autant la confier à un professionnel

Vous êtes désormais un heureux propriétaire. La première tâche qui vous incombe est la mise en location de votre bien.

Charges locatives

S'il est vrai que l'on constate une forte augmentation des loyers, il en va de même des charges locatives : augmentation des charges salariales des gardiens et des personnels d'entretien des immeubles, inflation du coût des petites réparations, etc.

Vous-même ou un professionnel ?

Pour gérer soi-même un patrimoine locatif, il faut disposer d'un peu de temps, notamment si l'on est propriétaire de plusieurs biens. Mais surtout, le particulier qui gère seul est rapidement confronté à des problèmes juridiques qui le dépassent.

La première étape consiste à fixer le montant du loyer. Ce sujet a dû être envisagé lors de l'acquisition, et souvent au cours des premières investigations. La recherche d'un locataire est l'étape la plus délicate : un mauvais choix peut se regretter amèrement. Nous tenons à vous mettre en garde : le choix du locataire ne doit pas relever du domaine affectif, sauf, bien sûr, si le futur locataire est un proche.

Les démarches à accomplir

Par la suite, les démarches sont assez nombreuses : il faudra rédiger un bail, dresser un état des lieux, encaisser les loyers, procéder au calcul des charges récupérables, suivre les relations avec le syndic s'il s'agit d'une copropriété et, en cas d'impayés, gérer une procédure contentieuse.

Le choix d'un professionnel

Environ 40 % des propriétaires font appel à des professionnels. Nous ne saurions que trop vous conseiller cette option.

Ils sont, pour l'essentiel, des syndics de copropriété, des administrateurs de biens, des notaires. L'agent immobilier, en particulier celui qui a réalisé la négociation de votre vente, est souvent le mieux placé, ne serait-ce que pour des raisons de proximité.

Loyers : les chiffres

Les loyers progressent plus rapidement pour les petits logements et pour ceux de taille moyenne : + 4,5 % par an en moyenne de 1998 à 2004 pour les studios et les deux pièces, contre 3,7 % pour les quatre pièces. Même si les observatoires de l'Union de la propriété immobilière constatent un fléchissement de l'effort d'amélioration et d'entretien, la rénovation du parc locatif reste élevée pour les trois pièces (deux fois plus importante que pour les studios). Le prix moyen des loyers est autour de 10,30 € le mètre carré en 2004, avec un niveau en général deux fois plus élevé pour un studio que pour un cinq pièces et plus. Un studio se loue ainsi en moyenne 407 € hors charges, un trois pièces 586 €, un quatre-pièces 714 € et, enfin, un cinq pièces et plus 917 €. Les loyers progressent de 9,1 % en moyenne à l'occasion d'un nouveau bail locatif.

De 1998 à 2004, la hausse des loyers a été de 4,2 % par an en moyenne. Cependant, la tendance à la hausse est plus marquée pour les trois pièces, deux pièces et studios, de + 4,5 à + 4,2 %, soit 77 % du marché, contre + 3,7 % pour les quatre pièces et + 2,8 % pour les cinq pièces.

(Source : Suivi national des observatoires de l'Union de la propriété immobilière)

Encadrement des loyers

Depuis le 1er janvier 2006, l'indice INSEE du coût de la construction n'est plus la référence d'indexation des loyers. Un nouvel indice a été créé : l'Indice de référence des loyers. Son mode de calcul est une pondération de plusieurs variables qui rapproche cet indice de celui, plus modéré, de la hausse générale des prix.

En tout état de cause, un professionnel de l'immobilier (sauf le notaire) devra être détenteur d'une carte de gestionnaire immobilier, au sens de la loi Hoguet du 2 janvier 1970. Le mandat que vous signerez avec lui (recherche de locataires et gestion locative) donnera lieu à des honoraires librement fixés entre les parties, en fonction de la prestation.

Sachez limiter le risque locatif

Assurez-vous !

Malgré une pénurie de logements dans certaines grandes villes, de nombreux appartements sont inoccupés. Les raisons en sont multiples : fiscalité jugée excessive par les propriétaires, successions qui tardent à se dénouer, etc. Une raison majeure est le découragement, pour ne pas dire l'abattement, de certains propriétaires ayant connu des déboires avec leurs locataires et qui préfèrent un logement vide à un locataire qui ne remplit pas ses obligations.

Frais et honoraires d'expulsion

Pour obtenir l'expulsion de votre locataire, vous devrez intenter une action en justice. Les frais d'avocat et de procédures, qui se monteront à plusieurs milliers d'euros, sont désormais déductibles en tant que tels des revenus locatifs.

Les sociétés d'assurances

Depuis plusieurs années, les sociétés d'assurances, devant l'étendue de ce marché (plus de 50 000 expulsions sont prononcées chaque année par les tribunaux), proposent des contrats visant à garantir le propriétaire-bailleur contre deux risques majeurs :

Le profil du bon locataire

- Le loyer ne doit pas représenter plus de 30 % des ressources du locataire.
- Le locataire dispose d'un CDI et d'une certaine ancienneté dans son entreprise.
- Le bailleur peut demander les trois derniers bulletins de salaire et une attestation de l'employeur.
- Il n'est pas inutile de demander les quittances des trois derniers loyers qu'il a acquittés.

Le prix de la tranquillité

La gestion locative et les assurances pour carence et perte de loyers ainsi que la couverture juridique ne devraient pas dépasser 10 % du montant net des loyers encaissés. Ce prix de la tranquillité nous paraît très raisonnable, d'autant que l'ensemble de ces facturations est intégralement déductible de vos revenus fonciers. En contrepartie, les indemnités versées par l'assureur doivent être incluses dans le revenu foncier.

- la carence locative : vous ne trouvez pas de locataire, ou votre locataire est parti sans donner congé ;
- les loyers impayés : votre locataire ne paie plus et l'expulsion est problématique.

Départ du locataire

Par exception, les charges qui n'ont pas été récupérées par le propriétaire peuvent être déduites du revenu foncier.

Les bons contrats prennent en charge le suivi juridique du dossier : procédures contentieuses, prise en charge des dégradations éventuelles, frais d'expulsion. Ces contrats de groupe constituent une solide garantie pour les propriétaires à des conditions financières finalement peu élevées au regard des risques couverts. Attention : si vous souhaitez vous garantir alors que votre locataire est déjà en place, vous devrez constituer un dossier pour la société d'assurances. Celle-ci l'acceptera au vu de ses propres critères, en général assez exigeants : revenus, situation professionnelle, situation familiale, cautions éventuelles. Autrement dit, mieux vaut avoir choisi un bon locataire !

Les autres assurances : obligatoires pour le locataire, facultatives pour le propriétaire

Votre locataire est tenu de contracter une assurance multirisque habitation couvrant l'ensemble des risques de type incendie, dégâts des eaux, etc., qui peuvent survenir sous sa responsabilité. Vous devez exiger de lui la présentation, avant d'entrer dans les lieux, d'une attestation d'assurance. Par ailleurs, si votre bien fait partie d'une copropriété, le syndic doit aussi avoir souscrit une assurance pour l'ensemble de l'immeuble. Dans ces conditions, le propriétaire-bailleur doit-il prendre lui-même une assurance ? *A priori*, ce n'est pas nécessaire. Cependant, la plupart omettent de demander chaque année à leur locataire la fourniture de ladite attestation ; le risque existe qu'un locataire ne se soit pas acquitté de sa cotisation et que le logement ne soit plus couvert. Il peut aussi survenir, pendant une période de vacances, entre deux locataires, un sinistre, même mineur. Mieux vaut souscrire une assurance en tant que propriétaire non-occupant. Les tarifs sont très modestes, les cotisations sont déductibles fiscalement, depuis la suppression de la déduction forfaitaire de 14 %.

Les taxes qu'il vous faudra acquitter...

... ou faire acquitter

Devenir propriétaire d'un bien immobilier suppose une assujettissement à diverses taxes, qu'il est indispensable de bien connaître.

Les taxes foncières

Les taxes foncières, sur les propriétés bâties et non bâties, frappent tout bien immobilier. Elles sont versées au profit des collectivités territoriales : villes, départements et régions. Elles sont totalement à la charge des propriétaires. Leur montant est un pourcentage de la valeur locative.

Ces taxes ont un taux qui varie selon les régions.

Lorsque vous vous portez acquéreur d'un bien, demandez au vendeur de vous présenter son dernier avis de taxe foncière : cela évitera les mauvaises surprises.

Attendez-vous cependant à une augmentation : les calculs des taxes foncières sont basés sur des valeurs locatives anciennes et, lors des mutations, les services fiscaux procèdent à des réévaluations qui n'ont rien de scientifique.

L'administration s'est lancée dans un vaste programme d'actualisation qui doit durer de nombreuses années. Les taxes foncières sont déductibles des revenus fonciers.

Ordures ménagères

La taxe d'enlèvement des ordures ménagères est un des éléments de la taxe foncière, et donc acquittée par les propriétaires. Cependant, elle peut être récupérée auprès du locataire.

Les exonérations

La taxe foncière est perçue auprès de toute personne physique propriétaire ou usufruitière au 1e janvier d'une propriété bâtie ou non. Les propriétaires exonérés sont : les personnes de plus de 75 ans ou les adultes handicapés, dont les revenus sont très faibles. Il existe d'autres exonérations, comme celle, temporaire, de deux ans pour les constructions neuves à usage d'habitation (sauf éventuellement pour la part communale).

La taxe sur les logements vacants

Pour lutter contre la pénurie de logements à louer, une taxevisant les logements d'habitation laissés volontairement vacants depuis au moins deux ans au 1er janvier de l'année de taxation a été instituée. Sont concernées certaines agglomérations de plus de 200 000 habitants qui connaissent un fort déséquilibre entre les

Propriétaire et locataire : qui paie quoi ?

Les charges incombant au propriétaire sont :

- les gros travaux (ravalement, toiture, création d'espaces verts) ;
- les assurances de la copropriété ;
- les honoraires du syndic ;
- l'installation de portes blindées, la mise aux normes des ascenseurs, d'équipements anti-incendie, etc. ;
- la réparation d'actes de vandalisme et de vétusté.

Les charges incombant au locataire sont :

- la taxe de balayage et l'enlèvement des ordures ménagères ;
- les dépenses d'entretien (eau, gaz, électricité, etc.)
- les menues réparations (plomberie, entretien de la chaudière, etc.)

besoins de logements et le parc locatif : c'est le cas de Paris, Bordeaux, Nice, Toulouse, Lille, Montpellier, Lyon, Cannes, Grasse et Antibes.
Le mode de calcul est le suivant : 10 % de la valeur locative (fixée par l'administration fiscale) du logement la première année de taxation, 12,5 % la deuxième et 15 % à partir de la troisième année.
Inversement, une tendance nouvelle se dessine, en particulier à Paris. Pour lutter contre la vacance des logements, la ville de Paris verse des primes aux propriétaires qui accepteront de rénover et de mettre des biens en location. Il est encore un peu tôt pour estimer l'efficacité de l'ensemble de ces dispositions. Par ailleurs, dans certaines grandes villes, les propriétaires de logements vacants risquent de voir leurs biens réquisitionnés dans le cadre du développement de mesures favorisant l'habitat social.

Prenez soin de votre patrimoine

Pour mieux le valoriser

L'entretien de vos immeubles est essentiel à la préservation de votre patrimoine et à sa valorisation. Cela devrait aller sans le dire, mais il faut lutter contre une tendance naturelle de certains propriétaires à dépenser le moins possible. L'expérience montre que vos relations avec vos locataires seront d'autant meilleures que le bien loué se trouve en bon état et qu'il est régulièrement entretenu. En particulier, le taux de rotation des locataires est directement lié à la bonne tenue des logements. La valeur du bien est liée à l'entretien des locaux.

Pas de cumul

En droit fiscal français, il ne peut pas exister de double avantage : si vous avez effectué des travaux et que vous les avez déduits des revenus fonciers, vous ne pourrez pas en tenir compte à nouveau pour le calcul de la plus-value en cas de revente.

Le revers de la médaille

Les subventions obtenues doivent être déclarées fiscalement comme un revenu foncier. L'Agence nationale pour l'amélioration de l'habitat (ANAH) est présente dans tous les départements. Renseignements et dossiers sont disponibles dans chaque Direction départementale de l'équipement (DDE). Les adresses sont disponibles sur le site de chaque direction, par exemple :

- www.drome.equipement.gouv.fr/
- www.haut-rhin.equipement.gouv.fr/
- www.alpes-maritimes.equipement.gouv.fr/.

Entretien

Pour les copropriétés, toute dépense d'entretien ou de grosse réparation est soumise à la décision de l'assemblée des copropriétaires. Avant toute acquisition, il est indispensable d'obtenir un état des dépenses récentes, des dépenses en cours et des dépenses votées au moment du compromis.

Sur le plan fiscal

Comme on l'a vu précédemment, les travaux sont, avec les intérêts des emprunts, les deux postes principaux qui peuvent faire l'objet d'une déduction des revenus fonciers. À noter : un effort particulier des pouvoirs publics avec l'abaissement à 5,5 % du taux de TVA applicable aux travaux d'entretien.

Les travaux décidés par la copropriété et qui font l'objet d'appels de fonds sont, bien entendu, déductibles, à condition qu'ils n'aient pas été réglés par les locataires. Le sont également les travaux que vous avez réalisés à l'intérieur des parties privatives : dépenses d'entretien, d'amélioration et de réparation.

Attention : les dépenses d'agrandissement, de restructuration, de démolition, de construction ou de reconstruction partielle ne sont pas déductibles.

Mémento du propriétaire

Certains travaux sont rendus obligatoires, tels que les ravalements des façades des immeubles, qui doivent être effectués dans certaines communes (Paris, etc.) tous les dix ans. La loi impose désormais des normes d'utilisation des ascenseurs. Des dispositions légales existent aussi pour les immeubles en matière d'accès aux pompiers ou à la police. Une directive européenne interdit par ailleurs la présence de plomb et d'amiante et ordonne leur disparition.

Au-delà des dépenses d'entretien obligatoires, il faudra aussi prévoir :

- la réfection des toitures, qui sont supposées, avec de nombreuses variations selon les situations climatiques, pouvoir tenir 130 ans ;
- la rénovation des parties communes (escaliers et entrées), qui sont à rafraîchir régulièrement ;
- les installations électriques et la plomberie de l'immeuble ;
- l'entretien de la loge du gardien ou de la concierge.

Ne pas oublier les subventions

Les propriétaires-bailleurs privés peuvent bénéficier de subventions pour des travaux ayant pour but l'amélioration de l'habitat, à condition que les immeubles soient achevés depuis plus de quinze ans et qu'ils soient destinés à la résidence principale du locataire.

De plus, le propriétaire doit s'engager à louer le logement pendant neuf ans au moins. Les travaux concernent des dépenses d'amélioration, de sécurité, d'économies d'énergie (installation d'un chauffage central), d'isolation, de remises aux normes, etc. Le montant des subventions est d'au moins 20 %, et peut atteindre 70 % dans certains cas.

Savoir transmettre son patrimoine immobilier

Le céder sans droits, c'est possible !

L'aversion des Français pour les droits de succession est bien connue : même si les droits réellement payés sont moins élevés qu'on le croit généralement, l'imagination n'a guère de limites pour échapper à l'impôt. Pourtant, il existe des solutions parfaitement légales pour transmettre un patrimoine immobilier dans des conditions fiscales optimales.
Cet aspect de la gestion de son patrimoine est d'autant plus important que nombre de patrimoines sont essentiellement constitués d'immobilier, et qu'une succession mal préparée peut coûter fort cher aux héritiers.

Le rôle du notaire

De même qu'une transaction immobilière fait l'objet d'un acte notarié, le démembrement d'une propriété et la répartition de l'usufruit et de la nue-propriété entre deux personnes ou sociétés différentes fait l'objet d'un acte rédigé par le notaire, qui vérifiera la validité de la partition.

Le démembrement de propriété

La pleine propriété se compose toujours de deux droits : la nue-propriété et l'usufruit. Ainsi, le droit de propriété comprend le droit de vendre le bien (*abusus* ou nue-propriété) et le droit d'en tirer usage ou profit (*usus* ou usufruit).
Dans le cas d'un bien immobilier, la décomposition peut se révéler pertinente. En effet, lorsqu'un investisseur se porte acquéreur d'un bien, il le fait généralement en pleine propriété : il achète le bien lui-même ainsi que le droit d'en user.

Cession de nue-propriété

L'intérêt du démembrement de propriété pour des biens immeubles est aisé à comprendre : on peut céder à titre gratuit ou onéreux une partie de son bien à ses enfants (en général la nue-propriété), et conserver l'autre partie (en général l'usufruit). L'astuce consiste à conserver l'usufruit viager, c'est-à-dire sur la durée de vie. Au décès du titulaire de l'usufruit viager, celui-ci s'éteint (le nu-propriétaire devient plein-propriétaire).

Donations
L'optimisation est encore améliorée avec le mécanisme des donations qui permet de céder sans droits, entre ascendants et descendants, jusqu'à 50 000 € tous les dix ans, et par le barème fiscal applicable pour déterminer la valeur de la nue-propriété et de l'usufruit viager, en fonction de l'âge de l'usufruitier. Le projet de réforme fiscale de juillet 2007 prévoit de porter l'abattement à 150 000 € pour une durée réduite à 6 ans.

Attention

Les donations sont irrévocables et il faut donc bien réfléchir : elles engagent le donataire qui ne pourra revenir en arrière. Il lui faudra, par exemple, l'accord de ses enfants pour toute opération de revente.

Barème fiscal de la valeur de l'usufruit

Âge de l'usufruitier	Valeur de l'usufruit	Valeur de la nue-propriété
Moins de 21 ans révolus	90 %	10 %
Moins de 31 ans révolus	80 %	20 %
Moins de 41 ans révolus	70 %	30 %
Moins de 51 ans révolus	60 %	40 %
Moins de 61 ans révolus	50 %	50 %
Moins de 71 ans révolus	40 %	60 %
Moins de 81 ans révolus	30 %	70 %
Moins de 91 ans révolus	20 %	80 %
Plus de 91 ans révolus	10 %	90 %

691 375

C'est le nombre de SCI recensées dans l'Hexagone par l'INSEE au 1er janvier 2003. 20 % d'entre elles sont localisées en Île-de-France.

Exemple

M. et Mme Dupond, âgés de 54 et 55 ans, mariés sous le régime de la communauté légale, sont propriétaires d'un patrimoine locatif d'une valeur de 600 000 €. Ils ont trois enfants majeurs. Ils souhaitent faire une donation de 50 000 € à chacun de leurs enfants. Ils vont ainsi pouvoir leur transmettre six parts de 50 000 €, soit 300 000 €. En fonction de leur âge, la valeur de l'usufruit est de 50 % et donc la valeur de la nue-propriété sera de 50 %, soit 300 000 € *(voir tableau ci-dessous)*. M. et Mme Dupond souhaitent conserver les revenus de leur patrimoine ; ils vont donc céder la nue-propriété, au maximum en franchise de droits, soit 300 000 €, correspondant à 600 000 € de pleine-propriété.

Ils vont donner la totalité de la nue-propriété en franchise d'impôt. À leur décès, les enfants recouvrent la pleine-propriété du bien. C'est seulement au

Fraction de parts nettes taxables (tarif applicable) en ligne directe

N'excédant pas	7 600 €	5 %
Comprise entre	7 600 € et 11 400 €	10 %
Comprise entre	11 400 € et 15 000 €	15 %
Comprise entre	15 000 € et 520 000 €	20 %
Comprise entre	520 000 € et 850 000 €	30 %
Comprise entre	850 000 € et 1 700 000 €	35 %
Au-delà de	1 700 000 €	40 %

Barème officiel du ministère des Finances, libellé en euros.

décès du dernier conjoint, si une clause de reversion de l'usufruit sur la tête du survivant a été introduite dans la donation, que les enfants seront pleins-propriétaires, et pourront à leur tour bénéficier de l'usufruit, c'est-à-dire des loyers. Comme on le voit, un patrimoine relativement élevé peut être cédé sans droits. On pourrait prendre des exemples avec des patrimoines bien plus élevés, avec non pas une, mais deux ou trois donations à dix ans d'intervalle. On se rend compte que les donations de droits démembrés sont un mécanisme qui réduit considérablement les droits de succession.

D'un point de vue fiscal, les revenus fonciers sont imposables pour ceux qui en bénéficient, à savoir les usufruitiers, et donc souvent les parents. De même, l'éventuel impôt de solidarité sur la fortune sera dû par ces derniers, mais pour la valeur en pleine-propriété du bien.

Pour organiser une succession : un outil, la SCI

Détenir plusieurs maisons ou appartements en direct et les céder à ses enfants par donations successives de fractions de nue-propriété n'est, en réalité, pas chose facile : les biens ont forcément des valeurs différentes et le dosage est compliqué. À quel enfant transmettre telle quotité de tel bien ? La SCI, société civile dotée de la transparence fiscale, est un excellent moyen : les biens sont la propriété de la SCI, dont les parts sont détenues à sa constitution par les seuls parents. Ultérieurement, il est alors facile pour les parents de céder à chacun de leurs enfants – et aucun ne sera lésé – la même quantité de nue-propriété des parts de la SCI. De plus, le patrimoine locatif restera un ensemble cohérent que les parents géreront, et qui sera transmis intégralement aux enfants à leur

SCI

La société civile d'investissement est une structure juridique qui permet à des associés (dans le cadre familial ou en dehors) de se grouper pour acheter et gérer un ou plusieurs biens immobiliers. C'est alors la SCI, et non les associés, qui est propriétaire des immeubles.

Savoir partager un logement

Si la partition d'une propriété se fait le plus souvent dans un cadre successoral, il existe un mode moins répandu, parce qu'il intervient au moment de l'initiative de l'investissement : l'immeuble est partagé dès l'origine *(voir exemple développé p. 86)*. Une institution financière (société HLM, caisse de retraite, mutuelle, etc.) qui n'a pas vocation à être propriétaire d'un parc de logements, peut trouver des partenaires pour réaliser l'investissement. Un partage est décidé entre l'institution qui prend la part usufruitière et qui mettra les logements en location pendant toute la durée de la convention (15, 20 ans ou plus).
Les nus-propriétaires prennent la part leur revenant de l'investissement (de 60 à 70 % selon les cas). À l'issue de la convention, les nus-propriétaires deviennent pleins-propriétaires et bénéficient alors des loyers. Il s'agit d'un montage intéressant fiscalement pour les nus-propriétaires. Quant aux usufruitiers, ils ont assumé leur rôle de loueurs avec un montant investi plus faible.

décès. Plus tard, les enfants pourront soit conserver la SCI, soit la dissoudre en se partageant les biens, soit réaliser le patrimoine et en recueillir les fruits.
D'autres cas de figure sont possibles : inclure les enfants, même mineurs, dans la SCI, la faire investir à l'aide d'emprunts (en présence de mineurs, les banques exigent l'autorisation du juge de tutelle). Une fois les emprunts remboursés, les enfants se trouvent propriétaires d'une partie de l'actif à hauteur des parts qu'ils détiennent. On peut encore détenir des biens en direct, constituer une SCI avec les enfants, faire acheter les biens par la SCI à l'aide d'emprunts. Cette opération permet de transmettre une partie des biens aux enfants, tout en dégageant de l'argent pour les parents puisque la SCI leur aura réellement acheté leurs biens. Ainsi, de nombreux schémas sont possibles, qui peuvent même être complexes, et pour lesquels l'assistance de votre notaire sera des plus précieuses.

Savoir vendre son patrimoine immobilier

Les points à retenir

Pour les ventes conclues à partir du 1er janvier 2004, les plus-values sont imposées de la manière suivante :

▪ *Exonération sur la durée*

Désormais, il est prévu un abattement de 10 % par an au-delà de la cinquième année de détention : l'exonération totale jouera donc au bout de 15 ans (au lieu de 22 ans auparavant).

▪ *Détermination du montant de la plus-value*

Le coefficient d'érosion monétaire qui était jusqu'alors appliqué au prix d'acquisition pour corriger les effets de l'inflation est supprimé.

▪ *Taux d'imposition*

La grande innovation réside dans cette disposition. Jusqu'à présent, le montant imposable de la plus-value immobilière s'ajoutait aux revenus du contribuable et était taxé à son taux marginal d'imposition, qui pouvait donc se monter à près de 50 %. À compter de 2004, l'impôt est calculé selon un taux unique, de 16 % plus les prélèvements sociaux, soit 27 % depuis le 1er janvier 2005.

À savoir

Le notaire est responsable du paiement de l'impôt auprès de l'administration : l'acte ne peut être publié au bureau des hypothèques si l'impôt n'est pas joint.

- *Mode de versement*

C'est le notaire, au moment de la transaction immobilière, qui calcule l'impôt sur les plus-values, établit la déclaration de plus-value, retient sur le prix de vente l'impôt et le verse au Trésor public.

- *Exonération*

Certaines des exonérations (résidence principale, expropriations, etc.) sont maintenues. Mais certaines disparaissent, telle celle qui concernait la vente de la résidence secondaire pour les contribuables qui n'étaient pas propriétaires de leur résidence principale. Nouveauté : toute transaction d'un bien d'une valeur inférieure à 15 000 € est exonérée.

chapitre 7

Les atouts de la pierre papier

La pierre papier : de nouveau attractive

Des rendements de 6 à 7 %

Sinistrée, malmenée, déconsidérée... Telle était la situation de la pierre papier au lendemain de la crise immobilière des années 90. Mais avec une capitalisation de 10,5 milliards d'euros à la fin de l'année 2003, soit 22 % de plus qu'en 1999, les SCPI avaient déjà repris des couleurs.

Avantages de la SCPI

La SCPI présente l'avantage de mutualiser les risques : un seul locataire défaillant est moins préjudiciable pour une SCPI que pour un investisseur direct. Par ailleurs, elle permet d'accéder à l'investissement immobilier d'entreprise, au rendement supérieur au logement, mais au prix unitaire souvent très supérieur.

2006 : une année faste

Tout d'abord, l'année 2006 a été exceptionnelle pour l'immobilier de bureaux. Par exemple, en Ile-de-France, une demande proche des 2 millions de mètres

Un code de déontologie en préparation

L'Association professionnelle des sociétés civiles de placement immobilier (Aspim) réfléchit à la mise en place d'un nouveau code de déontologie. À l'instar des sociétés foncières cotées en Bourse qui font l'objet d'une notation, les SCPI pourraient ainsi être « notées » selon la qualité de leur patrimoine immobilier, la structure des baux et leur gestion. Certains groupes ont demandé une homologation. Pour cette obtention, l'organisme certificateur a pris en compte des paramètres comme les relations avec les locataires, la ponctualité dans le versement des parts de loyers aux souscripteurs ou la rapidité d'engagement des travaux prévus. Une bonne initiative pour les souscripteurs.

Les SCPI : pour qui ? Pour quoi ?

Les SCPI se portent bien. Selon l'Institut de l'épargne immobilière et foncière, les souscriptions sur le marché primaire (à l'occasion d'une création ou d'une augmentation de capital) ont doublé depuis 2002 pour atteindre en 2003 la coquette somme de 824 millions d'euros. Parmi les grands collecteurs, l'UFG (Union française de gestion), qui réalise 54 % de la collecte, Sodify 13 %, Natexis Banques populaires 9 % et l'UNOFI 7 %. Les raisons d'un tel succès s'expliquent par les rendements de la pierre papier, en moyenne 7,17 % pour 2003 qui, conjugués avec la valeur moyenne de la part, représentent une performance globale annuelle de l'ordre de 12,47 %. Quant au marché secondaire (la revente des parts acquises), il a gagné en fluidité avec un taux de rotation de 1,73 % contre 1,44 % en 2002 ; les prix d'échange ont ainsi progressé de 4,84 %. La capitalisation a été dopée par les fusions mises en place par les grands groupes. Elle a franchi le cap des 10 milliards d'euros. 2,6 milliards sont gérés par l'UFG, 1,4 milliard par BNP Paribas et 1,3 milliard par le Crédit Agricole.
Si nombre de SCPI qui présentent un avantage fiscal particulier (les SCPI Méhaignerie et Malraux, par exemple) ont été liquidées conformément à leur objet social, les SCPI Robien prennent le relais. Rappelons qu'elles permettent à leurs souscripteurs, depuis le 3 avril 2003, de déduire 65 % de 95 % de leur prix d'achat de leurs revenus fonciers.

carrés a été enregistrée, soit plus de 12,8 % par rapport à 2005 ; dans le même temps, l'offre s'est raréfiée. Les valeurs locatives ont connu un boom (parfois plus de 838 € le m^2 locatif dans le Triangle d'or et plus de 609 € à la Défense). Le spectre des bureaux vides des années 90 est aujourd'hui de l'histoire ancienne.

Le retour à l'honneur des SCPI

Ensuite, les épargnants dont le portefeuille boursier est plus incertain redécouvrent que les SCPI distribuent des rendements annuels jusqu'à 6 à 7 %, payés trimestriellement.

Enfin, les SCPI ne sont plus vendues à tour de bras par les guichetiers des banques comme s'il s'agissait d'un placement miracle qui ne peut que prendre de la valeur. Chacun a compris que l'immobilier, comme la Bourse, est un placement à long terme qui alterne les périodes de progression et celles de récession. Les conseillers en gestion de patrimoine n'hésitent plus à préconiser, à titre de diversification, un tel investissement. À condition qu'il repose sur un patrimoine pierre de qualité (SCPI dites classiques diversifiées) et non sur un avantage fiscal éphémère ou une hypothétique revalorisation sur le long terme (SCPI dites de capitalisation qui ne distribuent aucun revenu jusqu'à la revente du patrimoine). Trop de collecte tue la collecte, pourrait-on dire. Il ne s'agit pas de réitérer les erreurs de la précédente décennie, quand les professionnels achetaient à tour de bras un patrimoine pierre, tout simplement pour « placer la collecte ».

La SCPI Robien

L'avantage de la SCPI Robien par rapport à un investissement direct est que l'amortissement démarre dès la souscription et non à l'achèvement d'un immeuble acheté sur plan.

Sept questions pour choisir une bonne SCPI

Plus de 200 offres sur le marché

Comment ça marche ?

La société civile achète et gère un patrimoine pierre qu'elle « transforme » en parts vendues à des associés souscripteurs, après obtention d'un visa AMF (Autorité des marchés financiers). Les loyers constituent les ressources des SCPI qui sont distribués aux acquéreurs. Ce poste constitue le rendement. L'appréciation du patrimoine (plus-value) se traduit par une revalorisation de la part. C'est au moment de la vente que l'épargnant percevra l'éventuelle plus-value enregistrée.

Quel type de SCPI choisir ?

Il existe plusieurs familles de SCPI, plus ou moins spécialisées selon le patrimoine détenu et l'objectif assigné. Les plus classiques, dites « classiques diversifiées », investissent surtout dans l'immobilier commercial (essentiellement des bureaux). Elles offrent un rendement généralement compris entre 4 et 7 % avant impôt. Cc sont, avec les SCPI « murs de boutiques » (encore plus spécialisées), celles qui sont les plus prisées des investisseurs. Les SCPI de « capitalisation », surtout investies dans l'immobilier à forte revalorisation (appartements de grande qualité, situés dans des quartiers d'exception) ne distribuent pas (ou peu) de revenus. L'investisseur table sur la plus-value à la revente. Attention, si cette dernière opération intervient en période de crise, la plus-value escomptée ne sera peut-être pas au rendez-vous.

Attention !

La vente de parts est une cession nettement moins liquide que la vente d'actions. Il faut trouver un acheteur, soit par l'intermédiaire de la société de gestion, soit de gré à gré (marché gris). Or, si cette opération est aisée en période normale, elle devient délicate dans un marché baissier. Un investissement pierre papier ne peut être entrepris que sur le long terme.

Il existe aussi des SCPI « fiscales » dans l'ancien (Malraux), et dans le neuf et l'ancien (Borloo). En dehors de l'avantage fiscal acquis au premier souscripteur du fait de la transparence fiscale des SCPI (possibilité de bénéficier de l'avantage comme s'il s'agissait d'un investissement fait en direct par l'investisseur), elles n'offrent pas un grand intérêt. Et comme l'avantage fiscal ne se transmet pas lors de la revente, elles sont difficilement cessibles.

Les SCPI et la crise

Les SCPI spécialisées dans l'immobilier de bureau ont particulièrement participé au crach immobilier des années 1992-1997. En effet, elles ont largement concouru à l'excès de construction de bureaux sans avoir l'assurance de la présence de locataires. Aujourd'hui, ces pratiques ont disparu et les SCPI sont devenues vertueuses : elles examinent leurs investissements en étant très vigilantes sur leur situation locative.

Quels documents exiger ?

Il faut demander à la société de gestion les derniers rapports annuels de gestion et le bulletin trimestriel pour évaluer à la fois la taille de la SCPI et le taux d'occupation, tant en volume qu'en valeur. Plus la SCPI est importante et plus on peut tabler sur une gestion dynamique des actifs. Autre facteur important, le poste provision disponible pour les travaux, y compris lorsqu'une partie du patrimoine est en « neuf ». Il faut aussi analyser le rendement passé et prévisionnel.

Comment limiter son risque d'investissement ?

Il est préférable d'investir dans plusieurs SCPI (avec des gestionnaires différents) plutôt que dans une seule afin de disposer d'un plus large patrimoine immobilier, mieux diversifié géographiquement et par secteur.

À quel prix faut-il acheter ?

Vous devez comparer le rendement promis ou espéré du prix d'achat de la part. Par exemple, pour un rendement de 7 %, les professionnels affirment que le prix doit représenter 14,3 fois le dernier revenu versé. Ainsi, pour un revenu de 45 €, le prix de la part ne devra pas dépasser 644 €. Si le souscripteur

Time share : grande prudence !

Attention au *time share*, connu aussi sous le nom de « propriété à temps partagé ». C'est souvent au cours des vacances, en Espagne et plus particulièrement aux Baléares ou encore aux Canaries, que les vacanciers se font démarcher et signent, sans recul, l'achat d'une période de vacances dans une résidence hôtelière située dans un lieu touristique. Rappelons que la vente de *time share* est réglementée dans la majorité des États de l'Union européenne. Les vacanciers bénéficient d'un droit de rétractation de dix jours, délai pendant lequel il ne peut pas leur être demandé de verser une somme d'argent à quelque titre que ce soit. Attention, si la vente intervient dans un pays extérieur à l'Union européenne (Andorre, Maroc, Île Maurice ou encore Antilles néerlandaises), le contrat sera soumis à la réglementation du lieu de situation de l'immeuble. Souvent, ces législations sont nettement moins protectrices pour le consommateur et il lui sera difficile de se défendre. Les professionnels du conseil attirent l'attention de ceux qui pourraient être intéressés par les formules dites de « pack vacances » ou « pack travels » d'une durée inférieure à trente-cinq mois. Tout simplement parce que la réglementation du *time share* n'est alors pas applicable.
Plus généralement, il convient de prendre du recul avant d'apposer sa signature sur de tels contrats. Et de se rappeler que dans quelques hebdomadaires grand public, on trouve assez souvent des particuliers qui veulent tout simplement donner leurs périodes de vacances à temps partagé, à la montagne ou à la mer, car ils ne peuvent acquitter les charges qui s'avèrent chaque année de plus en plus élevées.
Dernier conseil : ne signez jamais un contrat qui ne comporte pas de clause de rétractation.

Attention

Les SCPI n'ont rien à voir avec les sicav monétaires ou les contrats d'assurance-vie en euros. Un tel placement ne doit pas être entrepris sur une courte période. Les SCPI ne sont pas un placement sans risque puisqu'il dépend des cycles haussiers et baissiers du marché immobilier. L'épargnant n'est jamais assuré de revendre ses parts dans un temps rapide et au prix souhaité, surtout en période de crise.

recourt au crédit pour acheter un patrimoine pierre papier plus important, il devra s'assurer que le taux de l'emprunt se situe au moins deux points en dessous du rendement de la SCPI, et que la durée du prêt ne dépassera pas dix ans.

Qu'en est-il du marché de la revente ?

Pendant la crise, de nombreux porteurs de parts se sont retrouvés « prisonniers » de leur investissement car la gérance ne pouvait reprendre, comme à l'accoutumée, les parts à un prix intéressant. Certains se sont organisés en trouvant eux-mêmes des acheteurs. Aujourd'hui, avec la sortie de la crise, le marché est plus fluide et les prix de cession constatés se rapprochent de ceux proposés par les gérances qui reprennent progressivement le marché des cessions en main.

Quels objectifs patrimoniaux ?

Il en existe deux. Le premier est de percevoir des revenus complémentaires grâce aux loyers versés pour compléter, par exemple, sa retraite. Le second peut être réalisé au moyen des SCPI de capitalisation : il s'agit non pas de percevoir des revenus mais de tabler sur la constitution d'un capital, au terme d'une période de dix ou quinze ans. Pour acheter de la pierre en direct, par exemple. Mais attention, cet objectif reste incertain car tout dépend du marché au moment de la revente.

L'œil très sourcilleux du fisc sur les SCI

Les SCI familiales très surveillées

Constituer une société civile immobilière (SCI) pour gérer un immeuble locatif est une bonne solution. À condition de prendre quelques précautions, car le fisc n'aime pas ceux qui abusent des avantages.

Le cas délicat des SCI

Les SCI sont souvent dans le collimateur du fisc. Notamment celles constituées entre les membres d'une même famille.

Hausse

Depuis 2003, l'INSEE a recensé près de 700 000 SCI, soit 44 % de plus qu'il y a quatre ans.

Les redressements opérés par l'administration

Le fisc dispose d'une panoplie de sanctions pour traquer une SCI créée ou fonctionnant dans l'illégalité :

- **L'abus de droit**

S'il est démontré par l'administration, il conduira à une majoration de 80 % de l'impôt normalement dû.

- **Le caractère fictif de la société.**

Une société n'exerçant aucune activité réelle verra l'ensemble des avantages fiscaux qui lui sont accordés (déduction des intérêts d'emprunt, par exemple) remis en cause. Les associés seront alors personnellement imposés sur les opérations effectuées, sans pouvoir arguer de déductions à quelque titre que ce soit.

- **Un retard de dépôt de déclaration d'activité**

L'administration exigera un intérêt de 0,75 % par mois de retard. La note risque alors d'être salée !

Comme la création de SCI s'accélère (entre 30 000 et 40 000 sont en effet créées chaque année), le fisc tend à suspecter certains montages d'abus de droit. Même si elles permettent également de réaliser un objectif patrimonial.

Attention à l'abus de droit

L'abus de droit constitue la principale arme du fisc. Grâce à cette procédure, il peut remettre en cause des actes juridiques lorsque ceux-ci n'ont qu'un seul but : éluder l'impôt. Elle s'appuie sur le rapport publié en 1997 par le Comité consultatif pour la répression des abus de droit qui avait à l'époque émis un avis défavorable sur deux affaires analogues.
Dans l'une d'elles, une personne âgée avait vendu un appartement à une SCI dont les associés étaient sa filleule et les enfants de cette dernière. Le prix de la vente avait été converti en rente viagère.

Quelques avantages fiscaux

- Lors de l'achat d'un bien immobilier, les intérêts d'emprunt peuvent être déduits des revenus.
- Dans le cadre de l'ISF : possibilité d'appliquer une décote d'environ 20 % car les parts sociales sont plus difficilement cessibles qu'un bien en direct.
- Transmission gratuite de l'usufruit à ses enfants : il suffit pour cela d'apporter la nue-propriété d'un bien à la société civile. Au décès de l'usufruitier, les enfants nus-propriétaires récupèreront de manière automatique la pleine-propriété du bien.
Attention toutefois à ce montage, déjà condamné par l'administration fiscale.

Quelques semaines plus tard, la vieille dame décède. Le Comité consultatif pour la répression des abus de droit conclut que, dans cette opération, il s'est agi en réalité d'une donation et non pas d'une vente.

Grâce à ce verdict l'administration est alors en mesure de réclamer aussitôt des droits de 60 % (c'est le taux appliqué en l'absence de lien de parenté, par exemple) assortis de pénalités, à la place des 4,89 % de droits perçus dans le cadre de la vente (taxes régionale et départementale).

Comment éviter un abus de droit ?

L'administration fiscale ne peut prouver l'abus que si elle démontre que le but du montage juridique était exclusivement d'éluder l'impôt. Au contribuable de démontrer que l'intérêt est aussi juridique, familial, économique, etc.

L'art d'être parfaitement en règle vis-à-vis du fisc

Pour éviter les redressements

La société civile est une institution ancienne et honorable qui permet de réaliser des objectifs bien précis, estiment les fiscalistes, les notaires et les gestionnaires de patrimoine, tels que gérer un patrimoine locatif ou encore favoriser la transmission d'un patrimoine à ses enfants ou à son concubin. Bien sûr, les associés doivent respecter certaines règles : la société doit être effectivement constituée, avoir un objet réel et satisfaire à des obligations légales et fiscales. Si toutes ces conditions sont remplies, il sera difficile pour le fisc de déclencher la procédure d'abus de droit. D'autant que c'est à lui d'apporter la preuve de cet abus.

À savoir

En SCI, il n'est pas obligatoire de libérer immédiatement la totalité du capital ; il peut être appelé ultérieurement par la gérance.

À la création

N'oubliez aucune formalité administrative. Une société civile peut être constituée en famille ou avec des tiers. Il faut être au moins deux associés. Un mineur peut faire partie d'une SCI, mais il sera indéfiniment responsable des dettes sociales. C'est

Cession de part de SCI

Si les associés d'une SCI cèdent leurs parts plutôt que l'immeuble, mieux vaut avoir prévu un capital proche du montant de l'investissement : en effet, la plus-value est calculée sur la différence entre le prix de cession et la valeur en capital.

la raison pour laquelle, en pratique, les associés sont majeurs. Des époux peuvent s'associer quel que soit leur régime matrimonial. Pour éviter tout risque de redressement fondé sur la nullité de la société, chacun doit impérativement signer les statuts et faire des apports en numéraire ou en nature (apport d'un immeuble, par exemple). À cela s'ajoute un élément psychologique qui se déduit du comportement des associés : tous doivent collaborer ensemble et sur un pied d'égalité pour que la SCI accomplisse son objet. Une raison supplémentaire pour écarter les mineurs non émancipés.

Les statuts doivent être établis par écrit, indiquer le fonctionnement de la société, son objet social et la répartition des bénéfices. La société doit être immatriculée au greffe du tribunal de commerce de son lieu d'établissement. Attention ! Si ces éléments ne sont pas respectés, le fisc pourra conclure que la société est fictive et redresser toute opération ultérieure en imposant directement les associés.

Définition

L'immatriculation de la SCI : une SCI doit être immatriculée au risque d'être considérée comme inexistante et ses opérations remises en cause.

En cours d'activité

Louez les appartements au prix du marché. La SCI peut acquérir un patrimoine pierre. C'est même un objet social courant. Avec plusieurs associés, il est plus facile d'obtenir un crédit, soit auprès d'un établissement financier, soit en faisant appel aux associés (ou à certains d'entre eux) qui apporteront des fonds sous la forme de comptes courants. Mais le fisc peut remettre en cause le caractère civil de la SCI qui se livrerait à des opérations d'achat et de vente trop répétitives et la traiter comme une société commerciale. Il s'agirait alors d'une activité de marchand de biens, activité commerciale interdite aux sociétés civiles. Il convient de constituer une société commerciale de type SARL ou SA.

Définition

Le démembrement de propriété consiste à séparer la nue-propriété, ou possibilité de vendre le bien, de l'usufruit ou possibilité de l'habiter ou d'en percevoir les loyers. Le démembrement est viager lorsqu'il prend fin au décès du nu-propriétaire. Il est temporaire lorsqu'une durée est fixée librement, au moment du démembrement.

Attention ! Il faut aussi veiller à satisfaire aux obligations fiscales et sociales : tenir une comptabilité est conseillé et les registres des assemblées sont obligatoires. Si ces documents n'existent pas ou sont mal tenus, l'administration remettra en cause la réalité même de l'existence de la société civile (cour d'appel administrative de Nancy 27/12/90).

Il est préférable de déposer une déclaration fiscale d'ensemble (2072 ou 2046). Sinon, cela attirera l'attention du fisc qui pourra être tenté de procéder à un contrôle de la SCI. Il faut donc respecter scrupuleusement l'objet social de la SCI. Dans le cas contraire, il sera très difficile de se défendre face à l'administration qui aura les coudées franches pour redresser les opérations.

Lors de la transmission

Procédez d'abord à l'immatriculation de la SCI. Constituer une SCI pour transmettre un patrimoine immobilier à ses enfants ou à son concubin permet de réaliser des économies d'impôts. Par exemple, une société civile constituée de parents et de leurs enfants achète un immeuble au prix de 300 000 €. La moitié est financée par un apport en compte courant du père et l'autre est payée comptant. Au bout de quinze ans, la valeur de l'immeuble est de 450 000 €. À l'actif de la société, le bien ne sera comptabilisé que pour 300 000 € car les 150 000 € de compte courant n'auront pas été réévalués. Les enfants vont donc bénéficier d'une plus-value sans avoir contribué à l'ensemble du financement initial. Une telle opération n'appelle pas de critique de la part du fisc.

En revanche, un démembrement de propriété suivi d'une donation de parts encourt les foudres de l'administration fiscale. Dans cette perspective, le père apporte à la SCI la seule nue-propriété de l'immeuble. Il conserve l'usufruit pour percevoir les loyers. Le comité consultatif s'est prononcé contre ce montage, mais dans deux cas précis. Ces deux opérations (apport de la nue-propriété et donation) étaient intervenues le même jour et la donation a été consentie avant l'immatriculation de la société. Si l'apport avait été effectué après l'immatriculation et sous réserve que la société ne soit pas fictive, l'abus de droit aurait été plus difficile à démontrer. Car la transmission d'un patrimoine est un véritable objectif et ne relève pas d'une préoccupation purement fiscale.

Attention ! Avant d'effectuer toute opération de transmission, il faut que la société civile soit opérationnelle. La précipitation est « coupable » aux yeux du fisc qui soupçonne une opération uniquement réalisée pour éluder l'impôt.

Ne pas confondre SCI et SCPI

Les deux entités ont en commun d'être des moyens de devenir propriétaires d'un même bien pour plusieurs associés. Les SCI sont supposées rassembler des associés qui se connaissent et sont donc en nombre limité, alors que les SCPI sont gérées par des professionnels qui ont associé des centaines ou des milliers d'épargnants en faisant appel public à l'épargne. De fait, la constitution et la gestion des SCPI sont très encadrées sur le plan légal et placées sous la tutelle de l'Autorité des marchés financiers, alors qu'un simple particulier peut être gérant d'une SCI. Sur le plan successoral ou fiscal, il n'y a pas de différence : SCI et SCPI peuvent opter pour la transparence fiscale. Et on peut démembrer des parts de SCI comme de SCPI.

chapitre 8

Le contentieux de la location

Loueurs, les précautions à prendre

Comment éviter déconvenues et contentieux

Le locataire doit acquitter le paiement de son loyer et les charges aux dates fixées dans le bail, soit directement au propriétaire, soit auprès de celui qui est chargé de la gestion locative.
En pratique, le loyer est « portable ». Autrement dit, le propriétaire n'a pas à se rendre au domicile du locataire pour percevoir sa créance : le paiement s'effectue soit par chèque bancaire, soit par virement. Le bail

Pas d'expulsion en hiver

Les expulsions ne peuvent avoir lieu pendant la période hivernale, soit du 1er novembre au 15 mars.
Mais cela ne signifie pas que le juge ne pourra rendre sa décision pendant ce laps de temps.

Des assurances contre les impayés

Agents immobiliers, notaires et administrateurs de biens peuvent proposer aux propriétaires dont ils gèrent les biens de souscrire une assurance destinée à pallier la défaillance financière de leur locataire. À cette occasion, l'assureur fait le nécessaire pour sélectionner les « bons » locataires, c'est-à-dire ceux qui présentent le profil le moins risqué. C'est donc une garantie supplémentaire appréciable. La prime à acquitter sera un pourcentage du montant du loyer annuel (charges comprises).
La fourchette se situe généralement entre 2 et 3 %. Attention aux clauses du contrat. Souvent, l'assureur intervient après un délai de franchise (après 2 à 6 mois de non-paiement des loyers).
Bon point : ces contrats prennent en général en charge la totalité du contentieux judiciaire.

doit indiquer si le loyer est payable à l'avance (pour le mois à venir), ou à terme échu. Le propriétaire est tenu de délivrer gratuitement une quittance au locataire comprenant le poste loyer et les charges. En cas de paiement partiel, il doit fournir un reçu.

En cas de litige

Le paiement du loyer

En cas de litige, le locataire n'a pas le droit de refuser de payer, ni de consigner la somme due auprès d'une banque, d'un notaire ou de la Caisse des dépôts et consignations, sauf à obtenir préalablement l'accord du juge. Seule exception à ce principe, l'impossibilité absolue d'utiliser les lieux. Dans ce cas, le locataire devra faire constater cette situation par un huissier.

La résolution du bail

En cas de non paiement du loyer, le propriétaire est en droit d'appliquer la clause prévoyant la résolution du bail de plein droit après deux mois et un commandement de payer dressé par un huissier resté infructueux. L'expulsion ne peut intervenir que sur décision du juge et le préfet doit obtenir copie de l'assignation deux mois avant la date de l'audience. Les pouvoirs du juge sont très étendus en la matière puisqu'il peut accorder des délais de paiement supplémentaires au locataire, échelonner sa dette sur un maximum de deux ans ou encore suspendre les effets de la clause de résiliation. Le propriétaire dispose de cinq années pour recouvrer ses loyers impayés.

Loueurs, les précautions à prendre

Différentes solutions légales permettent au loueur de prévenir les contentieux.

Le dépôt de garantie

Le propriétaire peut demander un dépôt de garantie à son locataire, en général d'un montant égal à deux mois de loyer. Une fois versée, cette somme ne peut pas être révisée en cours de bail.

La notion « d'usure normale »

Elle est difficile à définir, mais chacun comprend que les peintures ou revêtement de sol se « défraîchissent » au fil des années et que cette usure ne peut être imputée au locataire.

Un bail authentique

La première solution consiste à préférer la rédaction d'un bail authentique : il est rédigé par un notaire et non par un agent immobilier, un avocat ou à l'aide d'un formulaire type.

En effet, le propriétaire pourra alors raccourcir les délais de recouvrement en adressant copie de l'acte authentique à un huissier, sans avoir à s'adresser préalablement au tribunal. Un gain de temps appréciable : plus le temps passe et plus il sera difficile de recouvrer sa créance.

Vérifier la solvabilité du locataire

La deuxième solution relève du bon sens. Il s'agit de s'assurer de la solvabilité du locataire et de sa stabilité professionnelle. Le montant du loyer ne doit généralement pas dépasser 30 % de ses ressources. Un dépôt de garantie de deux mois hors charges permet d'apprécier partiellement ce point.

La caution

La troisième solution consiste à exiger une caution pour pallier la défaillance du locataire.

La rédaction du bail

La quatrième solution tient à la rédaction du bail. Outre la rédaction d'un acte notarié, il est utile de faire figurer dans le contrat une clause de solidarité en cas de pluralité de locataires. Le plus solvable sera ainsi plus aisément poursuivi. La clause résolutoire est un classique, elle permet de rompre le bail en cas de défaut de paiement.

Un logement aux normes

Enfin, pour prévenir tout contentieux de ce type, le propriétaire doit s'assurer que le logement répond

aux normes de décence exigées par la loi. Après l'établissement de l'état des lieux (à l'arrivée et au départ du locataire), ce dépôt servira à la remise en état de certains éléments dont le remplacement est imputé au locataire, par exemple le remplacement d'interrupteurs ou encore la remise en état des peintures.
L'usure normale de l'habitation et la rénovation des revêtements de sols incombent au propriétaire. Celui-ci doit justifier de l'état des réparations et de leurs coûts en produisant, par exemple, des factures.

Le remboursement de la caution

Une fois ces dépenses imputées, le propriétaire est tenu de restituer le dépôt de garantie dans un délai de deux mois après la remise des clés. Dans le cas contraire, le locataire serait fondé à lui adresser une lettre recommandée avec accusé de réception pour le mettre en demeure de payer. Si le propriétaire ne restitue pas le dépôt (ou son solde), le locataire aura la possibilité de saisir le juge de proximité si la somme due n'excède pas 4 000 € ; au-delà, il saisira le tribunal d'instance.

Le départ du locataire

Les droits du locataire

Le locataire peut mettre fin à son bail sous réserve d'un délai de prévenance (dit délai de préavis) de trois mois. Il peut le faire par lettre recommandée avec accusé de réception ou par acte d'huissier.

La période de préavis

Contrairement à une pratique trop répandue, le locataire doit, durant cette période, continuer à payer son loyer et non demander l'imputation de sa dette sur son dépôt de garantie. En effet, la somme consignée n'a pas vocation à combler les derniers paiements. Le délai de préavis se calcule de date à date.
Toutefois, les trois mois sont ramenés à un mois dans les cas suivants :

- perte d'emploi du locataire du fait de son licenciement ou nouvel emploi consécutif à la perte d'emploi ;
- obtention d'un premier emploi ;
- état de santé d'un locataire de plus de 60 ans qui justifie son départ;
- mutation ;
- locataire titulaire d'un RMI.

À noter qu'il incombe au locataire de mentionner la raison de son départ s'il entend profiter de ce préavis réduit. Pour un couple, marié ou pacsé, il suffit que l'un des deux soit concerné par l'un des points évoqués pour que ce délai soit valable.

À savoir

Le congé peut être donné par simple lettre recommandée avec accusé de réception ; mais surtout, pour le congé donné par le bailleur, il est bien préférable d'utiliser les services d'un huissier de justice. Cette dernière forme de congé est obligatoire en matière de baux commerciaux.

Congédier un locataire

Le propriétaire peut aussi donner congé à son locataire en respectant un préavis de six mois avant la fin du bail. Toutefois, le locataire peut partir avant ce délai et, dans ce cas, seul lui incombe le paiement du loyer pour la période où il occupe effectivement les lieux. À noter que, sauf signification du préavis, le bail est automatiquement renouvelé pour une période de trois ans (bailleur, personne physique) ou de six ans (bailleur, personne morale).

Le propriétaire est tenu d'indiquer les raisons du congé donné au locataire. Celles-ci ne doivent pas être approximatives ou fantaisistes, mais doivent reposer sur un motif légitime et sérieux. Ce sera le cas si les loyers sont réglés systématiquement avec retard, si des troubles de voisinage ont été constatés ou si le locataire a dégradé les lieux. Le juge est compétent, s'il est saisi par le locataire, pour apprécier le bien fondé des motifs évoqués.

Autres motifs pour congédier

Le congé par le bailleur pour loger un membre de sa famille doit être réellement suivi d'effet ; à défaut, le locataire pourrait demander sa réintégration et/ou des dommages intérêts.

Attention :
la cour de cassation vient de juger qu'une SCI ne peut donner congé pour reprise par un enfant d'un associé.

Repères

Le notaire : qui est-il ? Quel est son rôle ?

Un professionnel aux multiples fonctions

Le notaire est à la fois un officier public et un professionnel libéral. Cela lui donne un statut original parmi les autres praticiens du droit et un champ de compétences très large.

Le notaire, officier public

En qualité d'officier public, il est nommé par le ministre de la Justice. La puissance publique lui délègue le pouvoir de conférer l'authenticité aux actes en y apposant le sceau de l'État à côté de sa signature. Les actes authentiques présentent trois qualités que les autres actes, dits « sous seing privé », n'ont pas : la certitude de leur date, la preuve renforcée de leur contenu et la force exécutoire qui leur donne la valeur d'un jugement lorsqu'il s'agit de faire respecter les engagements pris par les signataires.

Un professionnel de confiance

Le notaire est également un professionnel libéral qui conseille ses clients et qui est directement responsable de son activité à l'égard de ses clients. Il s'établit entre le notaire et son client un lien de confiance qui doit permettre d'aboutir à l'établissement d'un acte au dénouement d'une situation qui corresponde à térêt du client, dans le respect des lois et de l'ordre public. Le notaire est tenu au secret professionnel. Officier public et professionnel libéral, il est soumis à une déontologie très stricte dont le respect est contrôlé par le Procureur de la République et par la Chambre dont il relève. Une assurance responsabilité civile professionnelle et un système de garantie collective de la profession offrent aux clients des notaires une couverture des risques en cas de préjudice.

Une spécialisation qui fait du notaire un expert

Même s'il intervient dans d'autres domaines (droit des sociétés, urbanisme, contrats commerciaux, etc.), le notaire est, par tradition, spécialisé en droit de la famille et en droit immobilier. Il présente la particularité d'en maîtriser les différents aspects comme la fiscalité, le financement, l'organisation et la stratégie patrimoniales, ou encore le droit international. La juxtaposition de ces spécialités, augmentée d'une bonne connaissance des clients, fait du notaire un excellent conseiller qui offre ainsi un service global.

Les frais de notaire

On appelle abusivement « frais de notaires » toutes les sommes qui sont versées au notaire lors de la régularisation d'un acte. En réalité, seule une partie de ces sommes lui revient au titre de ses émoluments et de ses frais. Le reste est reversé au Trésor public au titre des droits d'enregistrement, taxes et impôts qui grèvent l'acte, ou à diverses administrations et professionnels dont l'intervention est nécessaire (débours).

Une intervention transparente

Il est courant qu'un seul notaire assiste l'ensemble de la famille. Mais il est parfaitement possible que chaque partie choisisse son propre notaire. Dans ce cas, les deux notaires assisteront leurs clients respectifs, mais les actes ne seront établis que par l'un d'eux.

La question des émoluments

Pour la plupart des actes, la rémunération du notaire est fixée en fonction d'un tarif réglementaire applicable à tout client et sur toute la France. On parle des « émoluments » du notaire. Leur montant dépend de la nature des formalités et du montant des sommes exprimées dans un acte. Pour les actes et prestations non mentionnés dans le tarif, ainsi que pour des diligences tarifées mais présentant un caractère exceptionnel, le notaire peut convenir avec son client d'un honoraire libre. Tous les émoluments du notaire sont soumis à la TVA.

La Chambre des Notaires de Paris

Le notariat parisien est l'une des principales composantes de la profession notariale en France. Son origine remonte au début du XIVe siècle lorsque Philippe le Bel institua au Châtelet de Paris, en 1301, « 60 notaires jurés établis de par le Roi au Châtelet ». Le siège de la Chambre de Notaires de Paris est toujours localisé place du Châtelet, dans le 1er arrondissement de Paris.

La Compagnie de Paris regroupe les notaires de Paris, de la Seine-Saint-Denis et du Val-de-Marne. Elle se compose d'environ 500 notaires, exerçant au sein de 220 offices. Forts des compétences de 5 000 collaborateurs, dont 600 sont titulaires du diplôme de notaire et 2 000 environ disposent d'une formation juridique de haut niveau, les notaires de la Compagnie de Paris accueillent chaque année 3 millions de clients et établissent en moyenne 350 000 actes, dont 120 000 transactions immobilières et 18 000 déclarations de succession.

À l'initiative de la Chambre des Notaires de Paris, a été créée, en 1994, l'Association des Notaires des métropoles européennes (ANME), qui regroupe les Chambres des notaires de Paris, Madrid, Rome, Berlin, Bruxelles, Genève et Vienne. Celle-ci est à l'origine de la constitution d'un vaste réseau de professionnels dont la collaboration permet notamment de faciliter les échanges sécurisés au sein de l'espace juridique européen.

CHAMBRE DES NOTAIRES DE PARIS

Chambre interdépartementale des Notaires de Paris, Seine-Saint-Denis et Val-de-Marne

Tél. : 01 44 82 24 00 / Fax : 01 44 82 24 10

Internet : www.paris.notaires.fr

(estimation des frais liés à l'acquisition immobilière)

Glossaire

Quelques notions incontournables

Acte authentique

Établi par un officier public et ministériel (notaire ou huissier), l'acte authentique a force exécutoire.

Avant-contrat

Terme générique qui désigne la promesse de vente ou le compromis de vente. Sa rédaction est très importante puisqu'il engage juridiquement et financièrement les parties. Les clauses doivent être bien étudiées avant d'être signées.

Crédit *in fine*

La plupart des emprunts sont amortissables. Cela signifie que l'emprunteur rembourse à chaque échéance une partie du capital et des intérêts. Dans un crédit *in fine*, l'emprunteur rembourse seulement les intérêts en cours d'exécution, puis le capital en une seule fois au terme de l'emprunt. Ses mensualités sont donc allégées. Pour reconstituer le capital, l'établissement financier met en place une enveloppe de capitalisation (bon ou contrat d'assurance-vie) dès l'ouverture du crédit.

Délai de prescription

Pour recouvrer le paiement des loyers et des charges, le propriétaire dispose d'un délai de cinq ans.

Délai de réflexion ou de rétractation

L'acheteur d'un bien immobilier ancien bénéficie d'un délai de rétractation ou de réflexion de sept jours qui lui permet de se rétracter ou de ne pas signer l'acte, sans pénalité.

Dépôt de garantie

Il doit être restitué dans un délai de deux mois après la remise des clés après imputation d'éventuels travaux, si ceux-ci incombent au locataire. Au-delà de ce laps de temps, le propriétaire sera tenu de verser en sus un intérêt au taux légal.

Droit de visite

En cas de congé ou de vente du bien, le propriétaire peut faire visiter les lieux au maximum deux heures par jour, à l'exception du dimanche et des jours fériés.

Déficits fonciers

Depuis 1993, les propriétaires bailleurs peuvent imputer les déficits fonciers (hors intérêts d'emprunt) sur leur revenu global à concurrence de 10 700 € par an.

Démembrement

L'usufruitier perçoit les loyers et est imposable au titre de ses revenus fonciers. Le nu-propriétaire supporte les dépenses de grosses réparations qu'il peut déduire de son revenu global.

Loi de 1948

Il s'agit d'une classification d'appartements anciens qui concerne un peu moins de 300 000 logements. Cette loi instaure un maintien dans les lieux au profit du locataire et la fixation de loyers réglementés particulièrement bas.

Loi Malraux

Ceux qui investissent dans la remise en état de biens immobiliers situés dans une zone de protection du patrimoine architectural urbain et paysager (ZPPAUP) peuvent imputer les frais de restauration sur leur revenu global, sans limitation de montant. Le propriétaire doit obligatoirement louer pendant au moins six ans à un locataire qui y établira sa résidence principale.

Loueur en meublé professionnel

Pour bénéficier de ce statut, il faut :

- disposer d'une recette annuelle locative d'au moins 23 000 € ou en tirer 50 % de ses revenus ;
- être inscrit au registre du commerce et des sociétés.

Les revenus locatifs sont alors considérés comme des BIC (bénéfices industriels et commerciaux) et non plus comme des revenus fonciers. La valeur des biens n'est pas soumise à l'ISF et exonérée d'impôt sur les plus-values lors de la revente, à condition d'avoir exercé son activité pendant au moins 5 ans et de disposer de recettes inférieures à 250 000 €.

Micro BIC

Les loueurs en meublé non professionnels qui louent en dehors du statut de résidence de tourisme et dont les recettes sont inférieures à 76 300 €, peuvent opter pour ce régime. À la clef, un abattement forfaitaire de 72 % de leur chiffre d'affaires.

Microfoncier

Les propriétaires-bailleurs dont les recettes locatives brutes ne dépassent pas le seuil annuel de 15 000 € peuvent bénéficier d'un abattement forfaitaire de 40 % sur les revenus fonciers.

Monuments historiques

Les propriétaires d'un bien « classé » peuvent imputer l'ensemble des déficits fonciers (rénovation et exploitation) dudit bien sur leur revenu global. Ils peuvent également le transmettre sans droit de succession.

Plus-value immobilière

Le propriétaire d'un bien immobilier est exonéré de l'impôt sur les plus-values au terme d'une détention de 15 ans (abattement de 10 % par an au-delà de la cinquième année).

Résidences avec services

L'acquisition de tels biens permet le remboursement de la TVA.

SCI

La société civile est une structure juridique qui permet à des associés (dans le cadre familial ou en dehors de ce cadre) de se grouper pour acheter et gérer un ou plusieurs biens immobiliers. C'est alors la SCI, et non les associés, qui est propriétaire des immeubles.

SCPI

Société civile de placements immobiliers. Un parc immobilier est géré par des professionnels et détenu par les associés de la SCPI sous forme de parts. Transparence fiscale : les associés sont imposés en fonction du nombre de parts qu'ils détiennent. Avantage pour eux : aucun souci de gestion.

Sous-location

Sauf à être autorisée par le propriétaire, la sous-location est interdite et susceptible d'entraîner la résiliation du bail. Toutefois, le propriétaire ne peut pas s'immiscer dans la vie personnelle de son locataire. Ce dernier peut héberger son concubin ou un parent proche sans que le propriétaire puisse s'y opposer.

Travaux

Le locataire ne peut pas s'opposer aux travaux que voudrait effectuer le propriétaire (ravalement, nouvelle chaudière, etc.). Toutefois, si la durée des travaux dépasse 40 jours, le locataire sera fondé à demander une réduction du prix du loyer.

La collection "Guides pratiques France info" a été créée sur une idée originale de Jean-Pierre Guéno, directeur des éditions et de la commercialisation de Radio France.

Édition : Baptiste Lanaspeze
Maquette et couverture : Sylvain Renouard

Achevé d'imprimer en août 2007
sur les presses de La Nouvelle Imprimerie Laballery
58500 Clamecy

Dépôt légal : août 2007
Numéro d'impression : 707242

ISBN : 978-2-84724-164-8